JN028862

第 3 版

介護がわかる

わかる

1

介護保険の
しくみ

MEDIC MEDIA

介護がわかる

　『介護がわかる』の主人公は，突然おばあちゃんを介護することになった，普通の女子高生"モモコ"です．モモコは，おばあちゃんのために奔走するうちに，介護の世界に少しずつ興味を抱きはじめます．このシリーズでは，そんなモモコと一緒に介護の知識を楽しく学んでいきます．

　第1巻のテーマは「介護保険制度」です．本書は，過去に介護福祉士国家試験で出題された内容を盛り込んでいるので，学生さんや受験生などのしっかり勉強したい方はもちろん，「最新の制度を再確認したい」という医療や介護の現場で働くスタッフの方にも最適の内容となっています．

　本書が，一人でも多くの方の介護や福祉に対する理解を深める一助となればと願っております．

　最後に本シリーズの編集・制作にあたり，ご協力いただいた介護スタッフや医療スタッフの皆様，各分野の先生方，ご協力者の皆様に心より御礼申し上げます．

2020年10月吉日

編者一同

本書の特徴

　本書は，マンガで楽しく介護を学べる参考書です．肩の力をぬいて，息抜き感覚で読んでみてください．「勉強が苦手！」という方にもぴったりの本です．

　本書のストーリーは，介護福祉士国試の過去問題に基づいて作られており，一通り読むことで国試合格レベルの知識を身につけることができます．また，各話の終わりには「まとめ」や実際に出題された「国試問題」が掲載されており，これらをチェックすることで重要なポイントを確認できます．

第28回試験（平成28年実施）の問題48という意味です

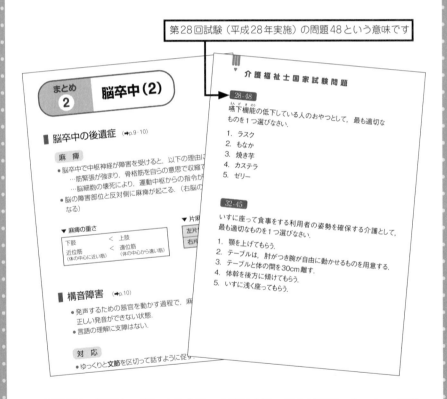

まとめ
2
脳卒中（2）

■ 脳卒中の後遺症

麻痺
●脳卒中で中枢神経が障害を受けると，以下の理由に
　…筋緊張が強まり，骨格筋を自らの意思で収縮で
　…脳細胞の壊死により，運動中枢からの指令が
●脳の障害部位と反対側に麻痺が起こる．（右脳の
　なる）

▼麻痺の重さ
下肢筋　　＜　　上肢
近位筋　　＜　　遠位筋
(体の中心に近い筋)　　(体の中心から遠い筋)

■ 構音障害　（→p.10）
●発声するための器官を動かす過程で，麻
　正しい発音ができない状態．
●言語の理解に支障はない．

対応
●ゆっくりと文節を区切って話すように促す

介護福祉士国家試験問題

28-48
嚥下（えんげ）機能の低下している人のおやつとして，最も適切なものを1つ選びなさい．
1．ラスク
2．もなか
3．焼き芋
4．カステラ
5．ゼリー

32-45
いすに座って食事をする利用者の姿勢を確保する介護として，最も適切なものを1つ選びなさい．
1．顎を上げてもらう．
2．テーブルは，肘がつき腕が自由に動かせるものを用意する．
3．テーブルと体の間を30cm離す．
4．体幹を後方に傾けてもらう．
5．いすに浅く座ってもらう．

　1巻では，脳卒中，車いすの介助，食事の介助，リハビリテーション，介護保険について解説しています．

介護福祉士国家試験概要

●受験資格

① 特別養護老人ホームや介護老人保健施設の介護職員など，主たる業務が介護
　等の業務である方，介護保険の指定訪問介護事業所の訪問介護員（ホームヘ
　ルパー）などで，介護等の業務に従事（在職期間が3年以上，実働日数が540
　日以上）し，実務者研修を修了した方
② 高等学校又は中等教育学校（専攻科を含む）において，福祉に関する所定の教
　科目及び単位を修めて卒業した方
③ 特例高等学校（専攻科を含む）において，福祉に関する所定の教科目及び単
　位を修めて卒業した後，介護等の業務に従事（在職期間：9ヵ月以上，実働
　日数：135日以上）した方
④ 文部科学大臣及び厚生労働大臣の指定した学校または都道府県知事の指定し
　た養成施設において、介護福祉士として必要な知識と技能を修めて卒業した
　方

●試験時期

筆記試験：1月下旬
実技試験：3月上旬（実技試験の免除を受けていない場合）
合格発表：3月下旬

●筆記試験科目

午前	午後
領域：人間と社会 　人間の尊厳と自立（2問） 　人間関係とコミュニケーション（2問） 　社会の理解（12問） 領域：介護 　介護の基本（10問） 　コミュニケーション技術（8問） 　生活支援技術（26問） 　介護過程（8問）	領域：こころとからだのしくみ 　発達と老化の理解（8問） 　認知症の理解（10問） 　障害の理解（10問） 　こころとからだのしくみ（12問） 領域：医療的ケア 　医療的ケア（5問） 総合問題（4題〔12問〕） 　3領域の知識・技術について 　横断的に問う問題を， 　事例形式で出題

登場人物紹介

祖父
既に他界.

娘

父
モモコが幼い頃に交通事故で他界.

娘

モモコの祖母
小泉アケミ(79)
働く娘に代わり家事全般を行ってきたが, 脳梗塞で倒れる.

モモコの母
山口ミドリ(47)
女子高で古典の教師をしている.
マイペースで世間に疎い.

主人公
山口モモコ(17)
まだ進路を決められずにいる高校2年生.
おばあちゃんが倒れたことをきっかけに介護の世界に触れていく.

モモコの家族

学校の仲間

福祉部の部長
ダイフク(17)

モモコの親友
ユメカ(17)

ご近所さん

アケミの友人
島田ヨネ(81)

社会福祉士
大田フク子
地域包括支援センター
に勤めるダイフクの姉.

ケアマネジャー
伊集院
アケミのケアプランを
担当する.

おかにわ市役所 介護保険課
池下
介護保険利用申請の
窓口を担当している.

**福祉の
専門家**

医師
<ruby>神有<rt>かみ あり</rt></ruby>
アケミの担当医.

看護師
松田マツ子
アケミの受け持ち
看護師.

MSW
（メディカルソーシャル
ワーカー）（➡p.46）
加賀見

**急性期病棟の
スタッフ**

医師
黒田
アケミの担当医.

看護師
竹田タケ子
アケミの受け持ち
看護師.

退院調整看護師
（➡p.84）

梅田ウメ子

**回復期
リハビリ
テーション病院
のスタッフ**

**リハビリの
専門家**

理学療法士（PT）
（➡p.55）
<ruby>波多<rt>ば た</rt></ruby>

作業療法士（OT）
（➡p.56）
<ruby>大竹<rt>おお たけ</rt></ruby>

言語聴覚士（ST）
（➡p.57）
佐藤

監 修
（50音順・敬称略）

木内　典裕　医療法人社団 プライマリーケアクリニック 理事長
後藤　佳苗　一般社団法人 あたご研究所
﨑山　快夫　自治医科大学附属さいたま医療センター
　　　　　　神経内科 講師
竹田　幸司　田園調布学園大学 人間福祉学部 社会福祉学科 准教授
谷口　泰司　関西福祉大学 社会福祉学部 社会福祉学科 教授
松村　美枝子　介護と生活研究所 所長 介護生活アドバイザー
水下　明美　医療法人社団健身会 居宅介護センターさくら
　　　　　　介護支援専門員 社会福祉士 精神保健福祉士
南　牧生　平成帝京大学 現代ライフ学部 人間文化学科 教授

取材協力
井岡　幸子

原作・編集・制作
医療情報科学研究所
介護がわかる編集部

マンガ原案
トミヤス　アキ

カバー・表紙デザイン
chichols（チコルズ）

カバーイラスト
日辻　彩

ホームページ,SNSから情報発信中
『福ぞうくん』
https://fukushi.medicmedia.com/

ウェブサイト「福ぞうくん」，Twitter，LINEでは，書籍情報や活用方法，試験センターからの試験情報，法制度改正情報，時事ニュース，試験対策クイズなどのすぐに役立つ情報を発信しています．

SNS登録
受付中！

介護がわかる ❶
介護保険のしくみ

CONTENTS

第 1 話	脳梗塞って何?	1
	第 1 話まとめ	6
第 2 話	脳梗塞と麻痺	8
	第 2 話まとめ	15
第 3 話	食事の介助	18
	第 3 話まとめ	24
第 4 話	車いすの介助	28
	第 4 話まとめ	37
第 5 話	転院	43
	第 5 話まとめ	50
第 6 話	いざリハビリテーション病院へ	51
	第 6 話まとめ	60
第 7 話	介護保険って何?	62
	第 7 話まとめ	68
第 8 話	介護保険の申請	70
	第 8 話まとめ	80
第 9 話	介護保険サービス	83
	第 9 話まとめ	93
第 10 話	地域支援事業って何?	97
	第 10 話まとめ	103
第 11 話	地域包括支援センターの役割	107
	第 11 話まとめ	112
第 12 話	ケアプラン	115
	第 12 話まとめ	132
第 13 話	住宅改修	135
	第 13 話まとめ	145

第1話 ✳ 脳梗塞って何？

1

のっ!? おばあちゃんが!!

このような場合
揺すらないで
鎖骨を叩くように
しましょう!

人が倒れていたら…

- はじめに次のことを確認し,
  救急車を呼ぶ

  1. 意識があるかどうか.
  2. 呼吸をしているかどうか.
  3. 吐いていないかどうか.
  4. 心臓が動いているか.

- 吐きそうだったら

  → 横向きに寝かせる.

- 救急隊の人が来たら

  → 倒れてから今までの様子を伝える.

しっ

ママ
静かにして

ドクッ

ドクッ

心臓
動いてる

あぁぁ…

救急車
呼ぶわ

テキパキ

大丈夫だよ
ママ

ピーポー
ピーポー

採血室 → X線検査 →

小泉さんの
ご家族の方

はいっ!!

まずはご安心
下さい

命に関わる
局面は
脱しました

小泉さんは脳梗塞(のうこうそく)を
起こしていました

脳梗塞?

脳
生命活動
全般を支
配する.

脳というのは生命の
すべてをつかさどる
一番重要な臓器です

記憶や思考だけでなく
言葉や感覚
体温や呼吸
手足の運動などなど
人間の生命活動の
全般に関わる働きを
支配しているんですね

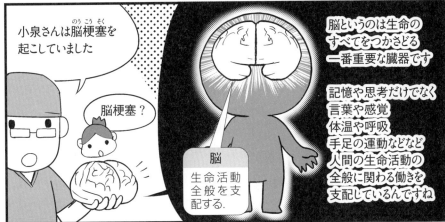

脳は脳血管により
運ばれる血液から栄養や
酸素を得ているわけですが

この血管が詰まったり
破れたりすると
脳の細胞に栄養が
届かなくなってしまいます

破れ

そうすると脳細胞が
壊死（えし）または
壊死に近い状態に
なってしまうんですね

詰まり

そして脳のどこが
障害されたかによって

記憶障害

失語
あ…う…

記憶

言語

運動

麻痺

現れる症状が
違ってきます

ちなみにいわゆる
「脳卒中*（のうそっちゅう）」という病態には
下の3つがあります

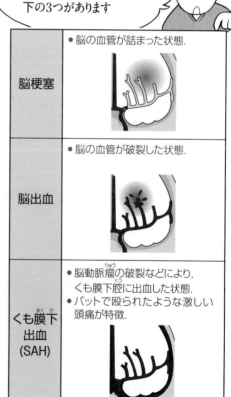

脳梗塞	● 脳の血管が詰まった状態.
脳出血	● 脳の血管が破裂した状態.
くも膜下出血 (SAH)	● 脳動脈瘤（りゅう）の破裂などにより, くも膜下腔（くう）に出血した状態. ● バットで殴（なぐ）られたような激しい頭痛が特徴.

＊脳卒中とは，血管の閉塞，破綻などにより，突然神経症状が現れた状態です.

まとめ 1　脳卒中（1）

脳卒中とは　（➡p.4）

脳卒中（脳血管障害）は，脳の血管が詰まったり，破れたりすることで，脳の細胞に栄養が届かなくなり，脳組織が壊死，または壊死に近い状態になる疾患の総称．
- 障害を受けた脳の部位により，さまざまな症状が起こる．
  - …意識障害，運動障害（麻痺），知覚障害，言語障害など

▼ 主な脳卒中

脳梗塞	脳血栓症	●血管が狭くなり，そこに血栓が詰まることで発症する. ●動脈硬化により発症することが多く，段階的にその症状が現れる.
	脳塞栓症	●血栓が血管を塞ぐことで起こり，突発的に発症する. ●特に心房細動や心筋梗塞などの心疾患が原因でできた血栓が，血流に乗って脳血管に詰まり発症する場合が多くみられる.
脳出血		●脳実質内に出血が生じたもの. ●原因は，高血圧のコントロールが不十分である場合が多く，日中活動時などに突発的に症状が現れる.また，その症状に共同偏視（両目で一方向を凝視している状態）が多くみられる.
くも膜下出血		●脳のくも膜下腔内に出血が起こった場合で，発症時に激しい頭痛を伴うことが多い. ●原因は，高血圧のコントロールが不十分である場合が多い. ●死亡率が高い. ●通常は麻痺を伴うことはない.

 advice

心房細動とは，心房が速く細かく動くことで，心拍の頻度や大小が不規則になる状態をいい，
これにより血栓ができやすくなります.

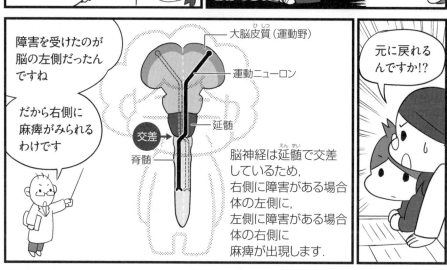

神有先生
お話の途中
スミマセン

ガラ

院長が
お呼びです

看護師
松田マツコ

そうだった！
忘れてた

それじゃあ
私からお食事について
説明していいですか？

お願いしますね

このマツコさんは
食べることに関して
病院の中でも一番
詳しいんですよ！

実際に食べることも
大好きだそうで

食べるの大好き
マシュマロ
女子です！

…って
何言わせるん
ですか

早速お願いします

では私
松田マツコが
小泉さんのお食事について
説明させていただきます

ペコリ

お願いします

小泉さんのお食事は
ペースト状の嚥下食からの
スタートになります

嚥下食って
何ですか？

飲み込む機能が
低下している方のためのもので
舌で押しつぶせる硬さで
適度なまとまりと
粘りけのある食事のことです

実際に見ていただいたほうが
わかりやすいと思いますので
夕食のときに詳しくご説明
しますね（➡p.20）

なぜ嚥下食から
スタートするかというと
それは誤嚥を
防ぐためなんです

お二方はお若いですから
水や食べ物を普通に
飲み込めますよね

ぐっ…

んん

でも高齢者は
この飲み込む機能が
低下してしまうんです

アーン

ゴックン

小泉さんのように
麻痺のある方は
特にです

誤嚥とは本来食道に入るべき食べ物が

気管に入り込んでしまうことです

▼ 誤嚥

食塊（食べ物のまとまり）
喉頭蓋
食道 　気管

誤嚥｜喉頭蓋がうまく閉じずに気管に入ってしまう！

正常

まあ気管と食道は近いから

健康な人でも気管に食べ物が入ることはあるんですけどね

ココネ

あなたも何か食べててむせることあるでしょ？

あ ハイ あります

ゲフ　ゲフッ　ドフッ

むせるって大切なんです

肺に入り込まないように外に出すという働きなんです

大切

誤嚥すると細菌がそのまま肺に入り込んでしまって

肺炎を起こすことがあるから要注意！

▼ 誤嚥性肺炎

細菌

食べ物，飲み物，唾液など

食道ではなく，誤って気管に入ってしまう．

気管 　食道

本来，無菌であるはずの肺に菌が入ることで肺炎が起こる．

胃

13

肺炎って
そんなに大変なこと
なんですか？

いい
質問ネ！

実は肺炎は
日本人の死亡原因の
第3位！＊

肺は
酸素を取り込む
大切な臓器

その肺が侵されると
死につながり
かねないんです

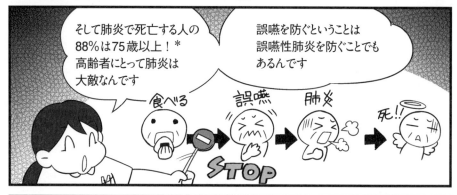

そして肺炎で死亡する人の
88％は75歳以上！＊
高齢者にとって肺炎は
大敵なんです

誤嚥を防ぐということは
誤嚥性肺炎を防ぐことでも
あるんです

食べる　誤嚥　肺炎　死!!
STOP

というわけで誤嚥に
十分注意しながら
お食事をしていただく
ことになります

おばあちゃん
うまく食べられる
かなぁ？

心配ね

ご心配なく！
食事の際は
病院スタッフが
介助につきますよ

なら安心だわ

説明は以上で
終わりですが

何かありましたら
いつでも聞いて
くださいね

ありがとう
マツコさん！

＊平成25年「人口動態調査」

14

脳卒中（2）

脳卒中の後遺症 （➡p.9・10）

麻痺

- 脳卒中で中枢神経が障害を受けると，以下の理由により麻痺が起こる．
  - …筋緊張が強まり，骨格筋を自らの意思で収縮できなくなる．
  - …脳細胞の壊死により，運動中枢からの指令が上下肢に伝わらない．
- 脳の障害部位と反対側に麻痺が起こる．（右脳の障害では左片麻痺となる）

▼ 麻痺の重さ

下肢	<	上肢
近位筋 （体の中心に近い筋）	<	遠位筋 （体の中心から遠い筋）

▼ 片麻痺と現れやすい障害

左片麻痺	失行，半側空間無視
右片麻痺	失語

構音障害 （➡p.10）

- 発声するための器官を動かす過程で，麻痺などにより障害が生じ，正しい発音ができない状態．
- 言語の理解に支障はない．

対 応

- ゆっくりと**文節**を区切って話すように促す．
- **50音表**などの代替手段を使う．
- 言葉や発声の不明瞭をただしたり，先回りして話したりせず，じっくりと話を聴く．
- 聴き取れた内容を繰り返して，相手の伝えたい内容を確認する．

摂食・嚥下の過程

- 食事の動作は，**先行期**，**準備期**，**口腔期**，**咽頭期**，**食道期**の5つの段階に分けられる．

▼ 摂食・嚥下の5分類

段階		概要	随意／不随意
先行期 （認知期）		食物の形や色，匂いなどを認知する．	**随意**運動 （意思に基づく運動）
準備期 （咀しゃく期）		食物を取り込み，咀しゃくし，食塊（食物のまとまり）を形成する．	
嚥下3期（相）　口腔期		食塊が口腔から咽頭へ移送される．	
嚥下3期（相）　咽頭期		嚥下反射により食塊が咽頭に入る．	**不随意**運動 （意思に基づかない運動）
嚥下3期（相）　食道期		食塊が食道入口から胃に移送される．	

■ 誤　嚥 (➡p.12・13)

水や食物が食道ではなく，誤って気管に入り込んでしまうことを**誤嚥**という.

- 高齢者は加齢によって咀しゃく・嚥下機能が低下するため，誤嚥を起こしやすくなる.
- 脳卒中等により，嚥下機能をつかさどる部位が障害を受けることで嚥下障害となる.
- 誤嚥により食物や水，唾液と一緒に細菌が肺に入り込むことで**誤嚥性肺炎**を起こすことがある.
  - …誤嚥性肺炎の治療は抗菌薬の投与が基本となる.

ごはんの時間だーっ!!

小泉さーん

…ってあれ？

ごはんじゃない…

ハミガキセット??

…なんで？

お食事の前に口腔ケアを行うんです

口の中の掃除のことを口腔ケアといいます

ハミガキならごはんの後でしょ？

口腔ケアの目的は虫歯や歯周病の予防はモチロンですがそれ以外にもあるんですよー

口の中の雑菌を取り除くことは誤嚥性肺炎予防になりますし

唾液分泌を促進して食欲を増進させる効果や気分を爽快にする効果もあるんです

小泉さんお口失礼しまーす

へぇー

うがいができる場合には，ブラッシングの前にうがいをすると口腔内が保湿され，磨きやすく，歯垢もとれやすくなります.

18

嚥下食には舌で押しつぶせる硬さで，適度なまとまりと粘りけがあるものが適しています．

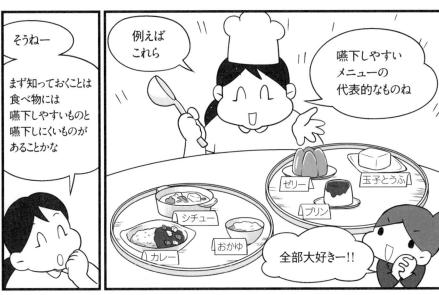

そうねー

まず知っておくことは
食べ物には
嚥下しやすいものと
嚥下しにくいものが
あることかな

例えば
これら

嚥下しやすい
メニューの
代表的なものね

ゼリー
玉子とうふ
プリン
シチュー
おかゆ
カレー

全部大好きー!!

逆にこれらは
嚥下しにくいわ

のどを
つまらせる!
こんにゃく

水分流動性が
高すぎ

生卵
お茶
みそ汁

またまた
大好き

口の中で
バラバラに
なっちゃう!
カステラ
せんべい
固ゆで卵

むせ
やすい!
酢の物
うどんやそば
など長いもの

のどに
はりつく!
のり
わかめ

小泉さんには
要注意よ

ドロドロすぎても
サラサラすぎても
嚥下しづらいから

濃度の調節には
注意が必要ね

サラサラ
ドロドロ

それから
介助の仕方にも
ポイントが
あるのよ

小泉さんの麻痺は右側だから…

こっちね

？

座る側にルールがあるの？

うん
麻痺がない側から介助するの

こうすることで,麻痺がない側の口角から食べ物を口に入れることができますし,自分の力で食事しやすくなります.

あと介助は座ってしてね

目の高さを合わせる意味もあるけど

立って介助すると頸（くび）をそらさせてしまうでしょ

○

あーんして下さい

あ・・あ・・

×

そうすると誤嚥しやすくなるんだね！

その他のポイントとしては,

嚥下機能が低下している患者さんには一口の量を少なめに…

くぼみにのせるように食べさせるなど.

おっとおばあちゃん

ズリ

ズリ

おっ

22

そう!!

実は
食べるときの姿勢も
大事なの

からだが
斜めになって
姿勢が
悪くなると…,

嚥下しにくく
なったり,

むせる原因に
なったりするので注意.

へー

こんな風に体はまっすぐ
前屈みであごをひいた
姿勢にするのよ

クッションを使うと
姿勢を保ちやすいわ

こんな
感じかな?

それから
もうひとつ

のどの動きを
確認しながら
ゆっくり介助
しましょうね

動きだけじゃなく
音も大切

もしのどから
ゴロゴロという音が
きこえたら
食事はいったん
中止してね

ゴロ
ゴロ

このゴロゴロと
いう音は,
湿声嗄声(しっせいさせい)といって,
食べ物が気管に
入りかけたときに
起こる音です.

このような場合は,
空嚥下(からえんげ)(唾液を
飲み込むこと)を
するとよいでしょう.

了解デース!!

ねー
マツコさん

私も
お手伝い
していい?

あら
積極的ね

23

まとめ 3 食事の介助

▌口腔ケア （➡p.18）

▼ 目的

- う歯（虫歯），歯周病，口臭を予防する．
- 誤嚥性肺炎を予防する．
- 唾液分泌を促進し，食欲を増進させる．
- 気分を爽快にする．

- 食欲を増進する効果や気分を爽快にする効果があるので，**食前**にも行う．
- 片麻痺がある場合，特に**患側**の清掃は念入りに行う．
- 舌苔は細菌の繁殖を誘発するため，舌の清拭もしっかり行う．

 advice

唾液には，消化酵素であるプチアリンが含まれています．プチアリンはデンプンを分解する作用をもっています．

義　歯

- 毎食後，義歯を取り外し流水下でブラシを用いて汚れを取り除く．
- 寝るときには義歯を取り外し，水を張った容器に浸しておく．
    …義歯用洗浄剤を使用するとよい．

■ 誤嚥の予防 　(➡p.21～23)

食　品

誤嚥を予防するために嚥下しやすい食品を使い，メニューに工夫をする．

▼ 嚥下しやすい食品と嚥下しにくい食品

嚥下しやすい食品	冷たい	● 半固形（柔らかい固形）のメニュー 　例）卵どうふ，プリン，ゼリー
	温かい	● とろみのあるメニュー 　例）おかゆ，カレーライス，シチュー
嚥下しにくい食品		● 口の中やのどを通過するときにバラバラ になってしまうもの． 　例）せんべい
		● 口の中やのどにはりついてしまうもの． 　例）わかめ，のり
		● 噛み砕くことができず，のどにつまらせ てしまうもの． 　例）こんにゃく
		● 流動性が高いもの（水分） 　例）生卵，お茶，みそ汁 ● むせやすい食べ物 　例）酢の物，うどん，そば

 advice

高齢者は，加齢により唾液の分泌量が低下しているため，口の中が乾燥しています．食事の際には，口の中を湿らせるために，汁ものやお茶を勧めて食事しやすいようにしましょう．

食事介助

- 高齢者が座位で食事する場合，いすは，踵が床につき，膝関節が90°になる高さで，テーブルは肘が楽における程度の高さがよい．

———— 肘が楽につける

———— 踵が床につく

- 目線の高さをあわせ，利用者が頸部をそらさないよう心がける．
- 一口量を減らし，のどの動きを確認しながらゆっくりと介助する．
- **湿性嗄声**がしたら，食事はいったん中断する．
  - …湿性嗄声は，食べ物が気管に入りかけたときに起こる音である．
- 咀しゃく中は話しかけない．
- 食べ物を口に入れたら，口唇を閉じてこぼさないよう声かけする．
- 食後にも**口腔ケア**を行う．

▌片麻痺患者の食事介助 (➡p.22)

- **健側**(麻痺がない側)で患者を介助する．
- できるだけ自分でできるような援助をする．（自立支援）
- 食べ物は**健側**の口角から口に入れるようにする．
  - …麻痺側の口角から口に入れると，食べ物が口の中に残留し，**誤嚥性肺炎**の原因となる．

28-48

嚥下機能の低下している人のおやつとして，最も適切な
ものを1つ選びなさい．

1. ラスク
2. もなか
3. 焼き芋
4. カステラ
5. ゼリー

32-45

いすに座って食事をする利用者の姿勢を確保する介護として，
最も適切なものを1つ選びなさい．

1. 顎を上げてもらう．
2. テーブルは，肘がつき腕が自由に動かせるものを用意する．
3. テーブルと体の間を30cm離す．
4. 体幹を後方に傾けてもらう．
5. いすに浅く座ってもらう．

解答

28-48の答え：5（p.21参照）
32-45の答え：2（p.26参照）　：3．テーブルと身体の間は，握りこぶし1個分程度が目安である．

ベッドの高さは
これでOK！

次は車いすに
移りやすい姿勢を
とってもらいましょ

小泉さん
端座位になりましょうねー

仰向けで寝ている姿勢（仰臥位）から端座位の姿勢になるように介助する方法についてはp.38で詳しく解説します.

ベッドの上に座って
足を床におろし
端座位をとります

次は車いすの準備ね

ベッドに対し
30°で配置!!

なんか
色々した!?

ブレーキかける!!

フットサポート
あげる!!

どれも車いすに
安全に移るために
必要なことよ

ブレーキは車いすが
動かないように

フットサポートは
乗るときに邪魔にならないように
ってのはわかるけど…

何でベッドに対して
30°の角度に
おくの？

30°

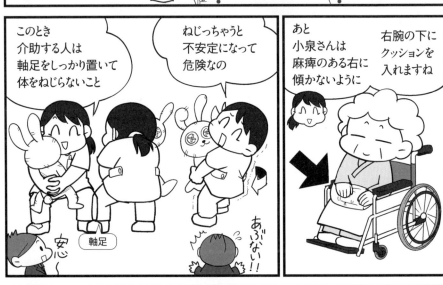

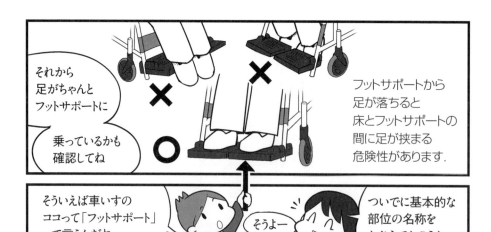

それから
足がちゃんと
フットサポートに

乗っているかも
確認してね

フットサポートから
足が落ちると
床とフットサポートの
間に足が挟まる
危険性があります.

そういえば車いすの
ココって「フットサポート」
って言うんだね

そうよー

ついでに基本的な
部位の名称を
おさえておこうか

こんな感じ
でーす

いろんな
○×サポートが
あるんだー

グリップ
（ハンドル）

バックサポート
（背もたれ）

スカートガード

ハンドリム

ティッピング
レバー

ブレーキ

大車輪
（駆動輪）

キャスタ（自在輪）

アームサポート

レッグサポート

フットサポート
（足のせ）

それじゃあ
おばあちゃん

行くよー

ハッ

ブルン
ブルン

モモコちゃん

何考えてるのかな

ビューン
って
するの！

オォ
オォ

ダメダメダメ
絶対ダメよー

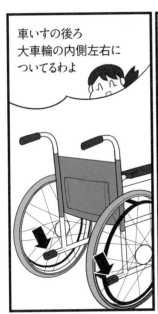

車いすの後ろ
大車輪の内側左右に
ついてるわよ

ティッピングレバーを
ゆっくり踏み込んで

肘を伸ばした状態で*
グリップを下手前に
押し下げる

そうして
上がったキャスタを
静かに上段に
乗せるのよ

そうそう忘れてた
キャスタを浮かせる前には
驚かせないよう
声かけしてね

…って
遅かったか…

おおっ！

ホントに
上がる！

よっ！

ちなみに，
車いすの車体が
不安定になって
しまうので，
大車輪は浮かせない
ようにしましょう

止めなさい〜!!

ゴメン
なさい。

そうそう

前輪を上げる
テクニックは

凹凸がある
路面なんかの
不整地でも
使えまーす

ほう

*まっすぐ肘を伸ばすと力が入りやすく姿勢が安定します.

まとめ 4

車いすの介助

車いすへの移乗 (→p.28〜30)

▼ ベッドの高さ調整

ベッド上で端座位になった際に，両足がつけるようベッドの高さを調節する．

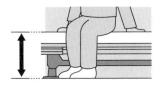

35〜45 cm（床に足が着き，手のひらがももの下にスッと入るくらいの高さ）

▼ 車いすを置く位置（右片麻痺の場合）

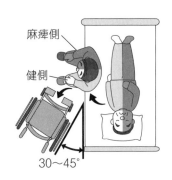

麻痺側

健側

30〜45°

▼ 仰臥位から端座位への介助（全介助の場合）

① 利用者に身体を小さくまとめてもらう.

利用者は胸の上で両腕を組み，顔を起き上がる方向に向ける．また，両膝を立てられる場合には両膝を高く立てる．両膝を立てられない場合には起き上がる方向の足を下にして，両足を交差させる．こうすることで摩擦を少なくすることができる.

② 手前に回転させる.

介助者は利用者の両膝（または腰）と肩に手を添え，軽く重心移動を行い，手前に軽く引く.

③ 上体を起こすために利用者を支える.

介助者は利用者の足元のほうを向き，腰を落とし，利用者の上半身が半円を描くように頸部と肩を腕で支える.

④ 上体を起こす.

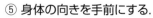

半円を描くように両手で利用者を支えたまま，利用者の上体を起こす.

⑤ 身体の向きを手前にする.

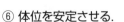

介助者は，片方の手で利用者の肩を支え，もう片方の手で両膝の裏を支える．次に利用者の臀部を支点として回転させ，利用者の身体の向きを手前にする.

⑥ 体位を安定させる.

サイドレール

利用者の手をベッドについてもらう．またはサイドレール（ベッド柵）があれば，サイドレールを握ってもらうことで体位を安定させる.

▼ 端座位から立位への体位変換

① 利用者は浅く腰掛け，
　介助者は利用者を支える姿勢をとる.

　　利用者は，立ち上がりやすいよう，浅く座り，
　　足を肩幅に開き，かかとを膝より後ろに引くよ
　　うにする. 一方, 介助者は, 利用者の足の間
　　に片足を入れ, もう一方の足を後方に引いて
　　膝を曲げ, 姿勢を低くする.（利用者が足を肩
　　幅に開くことで, 立位時に安定した姿勢をとる
　　ことができる.）

② 利用者は介助者につかまり, 介助者は
　利用者を支える.

　　利用者は前かがみ（おじぎをするように）になり,
　　介助者の肩に頭をもたれるようにする. 手が動
　　かせれば, 介助者の背中にまわしてつかまって
　　もらう. 介助者も利用者の背中に手をまわし,
　　しっかり支える. この際, 介助者は姿勢を低く
　　し腰を十分に引く.

③ 立ち上がる.

　　介助者は利用者に声をかけ, タイミングをあ
　　わせて膝を伸ばして立ち上がる. この際, 介
　　助者は力を入れすぎて利用者を引っ張り上げ
　　てしまわないように注意する.

▌車いすでの移送　（➡p.31〜36）

▼ 車いすの主な部位と名称

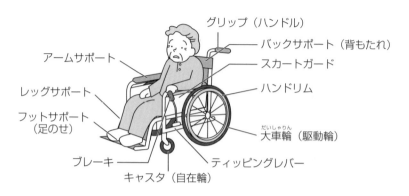

グリップ（ハンドル）

バックサポート（背もたれ）

スカートガード

ハンドリム

アームサポート

レッグサポート

フットサポート
（足のせ）

大車輪（駆動輪）

ブレーキ

キャスタ（自在輪）

ティッピングレバー

▼ 乗る前のチェック

① 座面（シート）はきちんと開いているか.
② 車輪の空気圧は適当か.
③ ブレーキはきちんとかかっているか.
④ フットサポート（足のせ）は上がっているか.

座面（シート）

 advice

片麻痺の利用者が, 自ら操作し車いすでの移動を行う場合, 健側の足を使い床を蹴ることで
車いすの向きの調整を行うため, 座面の高さは, 健側足底部が床に着くように調整します.

▼ 利用者の姿勢のチェック

① 座りは浅くなっていないか.
② 上体は傾いていないか.
③ アームサポートの外側に手や肘が出ていないか.

▼ 車いすでの移送のポイント

① 原則，前方向に進む．

② 下り坂では後ろ向きで，介助者は振り向きながらゆっくり下る．

③ 大車輪は浮かせないようにする．

④ 段差がある場合は，事前に利用者に声をかけてから，ティッピングレバーに片足をかけてゆっくり踏み込み，キャスタ（自在輪）を浮かせて段上に静かにキャスタを乗せる．

⑤ 極力スピードは抑える．

⑥ 転倒・危険防止のため，止めているときは，ブレーキをかけ，利用者には，フットサポートから足を床に降ろしてもらうようにする．

advice

車いすに離床センサーをつけると，利用者の離床の動きをいち早く感知することができ，転倒防止につながります．

介護福祉士国家試験問題

26-46

ボディメカニクスを活用したベッド上の移動介護に関する次の記述のうち，正しいものを1つ選びなさい．

1. 臥位から座位への介護では，利用者の腰部を支点にする．
2. 介護職の重心と利用者の重心との距離は，離れている方が良い．
3. 利用者の身体とベッドの接する面積を狭くする．
4. 水平移動では，介護職はベッドの端に両肘をつける．
5. 腰痛予防のため，介護職は主に腕の筋力を活用する．

27-29

車いす操作の安全性に関する次の記述のうち，最も適切なものを1つ選びなさい．

1. 車いすの点検は介護福祉職が気づいたときに行う．
2. ブレーキが利きやすいように空気圧を下げる．
3. 利用者が乗っている車いすを2台同時に押す．
4. ドアを片手でおさえながら，利用者の車いすを押す．
5. 急勾配のスロープを降りるとき，車いすは後ろ向きにする．

解答

26-46の答え：3（p.38参照）　：5. 腰痛予防のためには，腹筋や背筋など複数の筋肉を活用する．
27-29の答え：5（p.33参照）　：1. 利用する毎にブレーキやタイヤ状態など点検する．
　　　　　　　　　　　　　　　2. ブレーキは，空気圧が低いと利かないので危険である．
　　　　　　　　　　　　　　　3. 車いす介助は，一対一が基本である．
　　　　　　　　　　　　　　　4. 建物のドアはしっかり開いてストッパーで固定する．

座位訓練

体位変換

「急性期リハビリテーション」とは
長期の安静臥床
つまり寝たきりなどの状態による
筋力低下や関節拘縮*を
防ぐために

起き上がり訓練

できる限り早い段階で
行われる
リハビリテーションです

関節の運動

小泉さんは
順調に回復して
病状も安定
しています

今のところ
関節が動かしにくくなったり
筋力低下を起こす
心配もありません

これ以上小泉さんが
高度な医療を提供する
急性期病棟にいる
意味はないんです

回復期リハビリ
テーション病棟に
移ったほうが
小泉さんのため
なんです

おばあちゃん
のため？

何で
ですか？

ピクッ

*拘縮とは，関節が固まって動かしにくくなった状態です.

リハビリは早期に開始するほうがより高い効果を得られることがわかっているんです

逆に開始が遅くなると十分な効果が得られなくなってしまうんですよ

なるほど…

そうなんですね

地域医療連携室というところで

小泉さんの転院から退院までの流れについて詳しく教えてくれますから

そこで話を聴いてみるといいですよ

地域医療連携室

MSWの加賀見といいます

よろしくお願いします

MSW？

「メディカル
ソーシャルワーカー」
の略で
医療相談員ともいいます

社会福祉の観点から
患者さんの様々な
相談に答えるのが
仕事なんです

MSWの業務は,
患者の抱える
経済的・心理的・
社会的問題を解決すること.

それに,
患者の受診・受療・
退院を援助し,

福祉サービスなどの
社会資源を開拓しながら
患者の社会復帰を
促進することです.

なおMSWは
国家資格では
ありません

一般に
脳卒中などの
脳血管疾患の
場合はこのような
流れになります

これから
転院から退院までの
流れを説明しますね

急性期

急性期病棟

発症後2週間～
1ヵ月（疾患によっては2ヵ月）

回復期

回復期リハビリテーション病棟

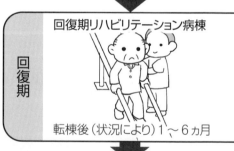

転棟後（状況により）1～6ヵ月

維持期

在宅や入所施設

*介護保険の申請は，病状が安定して障害が固定してから行うのが一般的ですが，発症後すぐに行ってもよく，介護保険が必要と思えばいつでも申請できます.

48

49

まとめ 5 リハビリテーション

MSW (➡p.45・46)

- MSW (Medical Social Worker) とは**医療ソーシャルワーカー**のことで、社会福祉士や精神保健福祉士などの国家資格をもつ場合が多い.
- MSWの業務は、病院等の保健医療の場において、患者の抱える経済的・心理的・社会問題の解決や、患者の受診・受療・退院の援助、福祉サービスなどの社会資源を開拓しながら患者の社会復帰を促進することである.

リハビリテーションの流れ (➡p.46)

十分な効果を得るためには早期に開始する必要がある.

▼ リハビリテーションの流れ

① 急性期リハビリテーション：発症直後から一般病院で行う.
② 回復期リハビリテーション：自宅復帰を目的として、回復期リハビリテーション病棟などで行う.
③ 維持期リハビリテーション：機能維持のため在宅もしくは施設で行う.

ここには
どういった
患者さんが
いるんですか？

主に脳卒中や
骨折の急性期を
終えた患者さんが
入院しています＊

みなさん
自宅復帰を目標に

集中的に
リハビリテーションを
行っているんですよ

解説

「回復期リハビリテーション病棟」は,
脳卒中（脳血管障害）または
大腿骨頸部骨折などの患者さんに対して,
日常生活動作（ADL）の向上や
家庭復帰を目的としたリハビリテーションを
集中的に行う病棟です.

＊回復期リハビリテーション病棟への
入院は,基本は発症から2ヵ月以内
の患者が対象ですが,大腿骨,骨盤,
脊椎,股関節または膝関節の神経,
筋または靭帯損傷後の場合は発症
から1ヵ月以内が対象となります.

回復期リハビリテーションを
要する患者さんが
入院しています.

ここが
リハビリ室に
なりまーす

わー

部屋の中なのに
階段がある―

キッチンまで!!

ここでの
リハビリの
目標は
自宅で生活
することなので

できるだけ
家に近い設備を
そろえているんですよ

治療体操や運動
マッサージなどの
物理療法で
患者さんの
リハビリを支援する!

食事や入浴などの
日常生活に必要な動作を行う能力

そして就業や一般的な社会生活を
営むのに必要な能力の回復を
サポートします

言葉での
コミュニケーションの
復活を助けます

さらに嚥下訓練も
行うわよ

フィジカル
セラピストこと
PT

オキュペイショナル
セラピストことOT

作業療法士の
大竹です

スピーチ
セラピストこと
ST

理学療法士の
波多です

言語聴覚士の
佐藤です

54

こんにちは
理学療法士の
波多です

僕たちの仕事は
医師の指示のもとで
理学療法を
行うことなんです

Physical Therapist

「理学療法」って？

「理学療法」というのは

こういった
物理療法のことです

運動

マッサージ

電気刺激

治療体操

こういった療法を
施すことで
患者さんの
基本的動作能力の
回復を図ります

温熱療法

それから
筋力測定や
関節可動域の
測定や評価も

僕たちPTの
仕事なんですよ

『理学療法士及び
作業療法士法』には
このように書かれて
います

筋力測定

関節可動域の
測定

理学療法士とは,
医師の指示のもとで,
身体に障害のある
者に対し,
主としてその基本的
動作能力の
回復を図るため,

治療体操その他の運動を
行わせ,及び電気刺激,
マッサージ,温熱その他の
物理的手段を加える者をいう.

理学療法士国家試験に合格し,
厚生労働大臣の免許を
受けることが必要.

ふーん

PTさんってリハビリの専門家って感じだねー

まさにその通り!!

PTさん以外にもここにはリハビリの専門職がいるんですよ

作業療法士　通称OTの大竹です

こんにちは

ごはん食べてるんですか？

おしい！

正確にはごはんを食べる練習です

僕たち作業療法士は患者さんの「応用的動作能力」や「社会的適応能力」の回復を図るのが仕事なんです

Occupational Therapist

え？

何<rt>なに</rt>能力？

応用的動作能力
というのは日常生活動作（ADL*）を行う能力

食べる

着替える

つまり食事や入浴といった生活に必要とされる基本的な動作を行う能力のこと

もう一つの
社会的適応能力
は

料理

PC

趣味

就業や人づき合いというような

一般的な社会生活を営むために必要な能力のこと

＊ADL：Activities of Daily Livingの略です.

56

そういった能力を回復させるお手伝いをするのがOTなんです

作業療法士とは，医師の指示のもとで，身体または精神に障害のある者に対し，

主としてその応用的動作能力または社会的適応能力の回復を図るため，手芸，工芸，その他の作業を行わせる者をいう．

ちなみに『理学療法士及び作業療法士法』では以下のような記述になってます

抜粋です

作業療法士国家試験に合格し，厚生労働大臣の免許を受けることが必要．

OTさんとのリハビリが上手くいけばいよいよお家での生活ですか!?

近づきますね

ただより快適な生活をおくるためには

他にも回復しておきたい機能があるんです

それは「話す」という

ハイッ!!ハイッ!!

言語聴覚士通称STの私佐藤がお手伝いします

…説明どうぞ

脳卒中の後遺症や聴覚障害などで言語によるコミュニケーションに問題が生じている方がいらっしゃいます

でもおしゃべりって生活するうえで大切ですよね

STはそういった方に対して言語訓練や検査などを行っているんです

ST

Speech Therapist

私はおしゃべりが大好きだからうまく出なくなるつらさはよく○○つもりなんだけど実際のところ私は喋れなくなった人の気持ち○

はい脱線したストーップ

…まあ
つまるところ
お話をするための
訓練ですね

それから
摂食や嚥下に
問題がある
人に対して

嚥下訓練を
行うことも
STの役割
なんです

脱線禁止!

言語訓練

…り…
ん…ご…

嚥下訓練

言語聴覚士とは,
医師または歯科医師の指示のもと,
音声機能,言語機能または聴覚に障害の
ある者についての機能の維持向上を
図るため,

言語聴覚士試験に合格し,
厚生労働大臣の免許を
受けることが必要.

言語訓練その他の訓練,
これに必要な検査及び助言,
指導,人工内耳の調整,
その他の援助を行うことを
業とする者をいう.

『言語聴覚士法』
からの抜粋よ

PTさんにOTさん
STさんかー

おばあちゃんは
いろんな人に支えられて

リハビリして
いくんだね!!

そうですね

なお
今回入院される小泉さんには
関わりがないかと思いますが

人によっては他にも
義肢装具士さんや
視能訓練士さんの
手助けを必要とされる方も
いらっしゃいます

義肢装具士(PO)

視能訓練士(ORT)

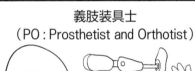

義肢装具士
（PO : Prosthetist and Orthotist）

義肢や
装具の
製作を
行います

義肢装具士とは，医師の指示の
もとで，義肢及び装具の装着
部位の採型，製作，身体への
適合を行うことを業とする者をいう．

義肢装具士国家試験に合格し，
厚生労働大臣の免許を受ける
ことが必要．

以上『義肢装具士法』
よりの抜粋です

視能訓練士
（ORT : Orthoptist）

目の
検査や
視能
訓練を
行います

視能訓練士とは，医師の指示の
もとで，両眼視機能に障害のある
者に対する両眼視脳機能の回復の
ための矯正訓練及びこれに必要な
検査を行うことを業とする者をいう．

視能訓練士国家試験に合格し，
厚生労働大臣の免許を受ける
ことが必要．

以上『視能訓練士法』
より抜粋よ

新しい病院に
移るだなんて
最初は心配
だったけど

おばあちゃんの
近くには
リハビリのプロが
たくさん
いてくれる…

すっごく
心強いね!!
おばあちゃん

うん
おアあちゃん
（ば）
（が）（ば）
アんあるよ

でも
PTさん達の
登場の仕方は
ちょっとなー

…
もっともです

もっと
派手に!!

そっち
かーい！

まとめ 6 リハビリテーション

■ リハビリテーションの専門家　(➡p.55〜59)

理学療法士 (PT：Physical Therapist)	医師の指示のもとで，身体機能に障害をきたした人に対して理学療法を行って，機能回復を図る．また，筋力測定や関節可動域の測定などの評価も行う．
作業療法士 (OT：Occupational Therapist)	医師の指示のもとで，応用的動作能力や社会的適応能力の回復を図るために手芸，工作などの作業を指導する．
言語聴覚士 (ST：Speech Therapist)	言語によるコミュニケーションに問題が生じた人に対して，検査や言語訓練などを行う．また，摂食や嚥下に問題がある人に対する嚥下訓練も行う．
義肢装具士 (PO：Prosthetist and Orthotist)	義肢や装具の作製を行う．
視能訓練士（ORT：Orthoptist）	視能訓練を行う．

■ リハビリテーション計画

- 個々が効率的に訓練できるように，相談→情報収集→事前評価→計画→事後評価→終結という流れで行われる．
- 医師や理学療法士など医療スタッフが共同で計画を作成する．
    - …各スタッフがそれぞれの職種の専門性を発揮して，チームアプローチを進めていく．
    - …患者の障害についてや，リハビリの目標・計画について共通理解をもつようにする．
- 目標とその実現のための計画を立てる．

介護福祉士国家試験問題

26-94

リハビリテーションの専門職の業務として，最も適切なものを1つ選びなさい.

1. 言語聴覚士は，嚥下訓練を行う.
2. 義肢装具士は，義肢を処方する.
3. 視能訓練士は，高次脳機能障害（higher brain dysfunction）の評価を行う.
4. 作業療法士は，知的障害者の疾病予防や健康づくり支援を行う.
5. 理学療法士は，精神障害者の社会復帰の相談援助を行う.

29-95

リハビリテーションに関わる医療職の役割として，適切なものを1つ選びなさい.

1. 作業療法士は，日常生活動作訓練を行う.
2. 義肢装具士は，立位訓練を行う.
3. 理学療法士は，短下肢装具の製作を行う.
4. 臨床検査技師は，失語症（aphasia）の評価を行う.
5. 言語聴覚士は，心理的な問題について面接を行う.

解答

26-94 の答え：1（p.58 参照）
29-95 の答え：1（p.56 参照）

この少ない生産年齢人口で

2060年には現役世代の1.3人で1人の高齢者を支える時代に!

ハッ!

高齢者を支えるのは超大変!!

だから40歳になったらみんなで少しずつ介護のためのお金を貯めるようになったんだ

介護を社会全体で支えていくためだよ

チャリーン

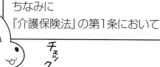

ちなみに『介護保険法』の第1条において

「国民の共同連帯の理念に基づき介護保険制度を設ける」

ことが明記されています

チェック!!

ところで

社会保険

って知ってる?

きいたことは…

あるけど…

知らな〜い

考えはなさい

ちょっと

キャー

ドスコイドスコイドスコイドスコイ

社会保険っていうのは社会保障制度のひとつで国民*の加入が義務づけられている**公的な保険**のこと!

グイグイ

ケガをしたり病気になったり突然失業したりといった不測の事態や老後の生活に備えて

みんなで保険料を納めて社会全体で少しずつカバーしようっていうしくみ!

*社会保険は，保険によって，日本国内に住所を有する外国人や，日本国内の事業所で働く外国人も加入対象となります.

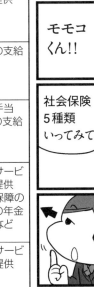

種類	対象となる保険事故	給付
医療保険	● 業務外の事由による傷病など	● 医療サービスの提供
年金保険	● 老齢，障害，死亡	● 年金の支給
雇用保険	● 失業など	● 失業手当などの支給
労災保険*	● 業務上の事由による傷病,障害,死亡など	● 医療サービスの提供 ● 所得保障のための年金支給など
介護保険	● 要介護状態,要支援状態	● 介護サービスの提供

＊正確には労働者災害補償保険

要介護認定の
申請を
代行できるのは
こういった
人です

要介護認定の申請を代行できる者

- 本人，家族，親族等
- 成年後見人
- 地域包括支援センター
- 指定居宅介護支援事業者
- 地域密着型介護老人福祉施設
- 介護保険施設のうち省令で定めるもの

民生委員や市区町村の
福祉課などの
介護相談員も,
利用者本人の
代理権が与えられている
場合（任意代理権）には,

要介護認定の
申請を代行
することが
可能です.

じゃあ

おばあちゃんが
自分で行かなくても
いいんだ

よかった！

でさー

申請して
その後は？

保険ってことは
お金が
もらえるのかな？

介護保険で
何が
できるの？

ねえ

どうなの？
ダイフク

…それは
ですね…

…
それは!?

コクリ

窓口で
きいてください

ええええ

介護保険のしくみ（1）

▌ 少子高齢化　(➡p.63・64)

- 日本は他の先進国と比べて，高齢化のスピードが速い.
- 老年人口（65歳以上の人口）：2060年には39.9%（5人に2人）
- 近年，日本の合計特殊出生率は，非常に低い数値で推移している.
    - …2005（平17）年には，合計特殊出生率は1.26と過去最低であった.
    - …2013（平25）年時点での合計特殊出生率は1.43とやや回復している.

（資料：平成25年版「人口動態統計」厚生労働省，
「日本の将来推計人口平成24年1月推計」国立社会保障・人口問題研究所）

▌ 社会保険　(➡p.64・65)

- 社会保険とは，公的機関が保険者となり，国民が加入を義務づけられている保険である.
- 我が国の社会保険には**医療保険，年金保険，雇用保険，労働者災害補償保険，介護保険**の5つがある.

▼ 我が国の社会保険と関係機関

社会保険の種類	関係機関
医療保険	保険の種類によりさまざま
年金保険	保険の種類によりさまざま. 公的年金（国民年金及び厚生年金）に係る運営業務は日本年金機構が行う.
雇用保険	都道府県労働局，公共職業安定所（ハローワーク）
労働者災害補償保険	都道府県労働局，労働基準監督署
介護保険	市区町村

▌介護保険制度　(➡p.63・66・67)

- 2000（平12）年にスタートした制度である．
- **40歳**以上の日本に住所を有する者（外国人を含む）は，保険者である**市区町村**に保険料を納めなければならない．

介護保険の申請

- 家族や親族，成年後見人などが申請を代行することができる．
- 市区町村の介護保険課が申請窓口．また，地域包括支援センター（➡p.98）は相談窓口となる．

介護保険は40歳以上が加入する保険ですが

このように年齢で2つに分けられているんです

第1号被保険者
• 65歳以上

第2号被保険者
• 40歳以上65歳未満
• 医療保険に加入していること.

市区町村に住所の届出をしていること

40歳と65歳が境目なんですね

それで第1号と第2号とで何が違うんですか？

サービスを受けられる条件が

異なるんですよ

第1号
介護が必要と認められれば誰でもサービスを受けられる.

第2号
「特定疾病」によって介護が必要と認められればサービスを受けられる.

第2号は40〜65歳か…

…ん？だとしたら

特定疾病一覧

① 筋萎縮性側索硬化症
② 後縦靭帯骨化症
③ 骨折を伴う骨粗鬆症
④ 多系統萎縮症
⑤ 初老期における認知症（アルツハイマー病，脳血管認知症等）
⑥ 脊髄小脳変性症
⑦ 脊柱管狭窄症
⑧ 早老症（ウェルナー症候群等）
⑨ 糖尿病性神経障害，糖尿病性腎症および糖尿病性網膜症
⑩ 脳血管疾患（脳出血，脳梗塞）
⑪ 進行性核上性麻痺，大脳皮質基底核変性症およびパーキンソン病（パーキンソン病関連疾患）
⑫ 閉塞性動脈硬化症
⑬ 関節リウマチ
⑭ 慢性閉塞性肺疾患（肺気腫，慢性気管支炎等）
⑮ 両側の膝関節または股関節に著しい変形を伴う変形性関節症
⑯ がん（がん末期）

全部老化に起因する疾病なのです！

ママも第2号被保険者ってこと？

そうよー

ママも介護保険料払ってるわよ

池下さん

保険料って全員一緒なんですか？

いい質問ですねー

介護保険の第1号被保険者の保険料の徴収は，**普通徴収**と**特別徴収**により
行われます．

普通徴収

市区町村が被保険者に直接納入通知書を送付して保険料を納付してもらう方法．

特別徴収

年金からの天引きにより保険料を納付してもらう方法．

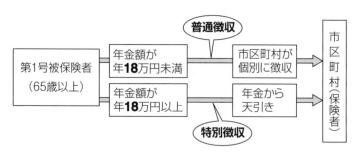

申請したらまずは
市区町村の
調査員が
来てくれるんですねー

そうです

ご自宅や入院されている病院
などを訪問させていただきます

そして
決められた
調査項目に従い

日常生活や
心身の状態について
調査するんです

外出は？
歩行は？
食事は？

これでその人が
どういう状況か
把握できると
いうわけです

その調査結果を受けて
一次判定が行われて
二次判定では
要介護度を決定
するんですよね…

二次判定を
するのは
介護認定
審査会…

この介護認定審査会って
なんですか？

いい質問
ですね！

介護認定審査会は
市区町村長に任命された
保健・医療・福祉分野に
おける学識経験者によって
組織されている会なんですよ

ちなみに
二次判定は,

介護認定審査会の
委員5名を標準とする
合議体によって
行われます.

その要介護認定の
結果ですが

申請から
30日以内に通知されるよう
決められているんですよ

結構
かかるん
ですね…

それまで
介護保険
利用しないで
やっていける
かなあ…

74

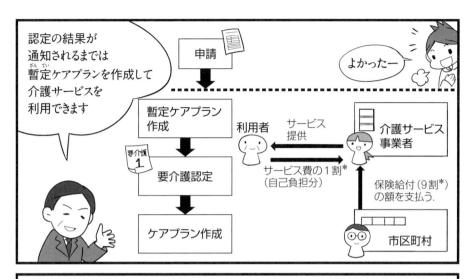

なお，要介護認定の申請前に，緊急で受けたサービスについて，市区町村長が認めた場合は，特例として，「償還払い」にて介護保険から給付（9割*）が行われます．償還払いとは，利用したサービスの費用を一旦利用者が全額支払い，後に保険給付分が市区町村から支払われるという方式です．

*自己負担割合は原則1割であるが，一定以上の所得がある場合は2割，現役並みの所得がある場合には3割となる．

▼ 要介護度の区分

要介護度		状態
要支援1	予防給付	〈社会的支援〉 ● 食事，排泄等の日常生活はほぼ自立. ● 掃除や買い物などの身の回りの世話の一部に介助が必要.
要支援2		〈部分的介護〉 ● 立ち上がり，歩行などに不安定さがみられる. ● 排泄な入浴などで一部介助が必要であるが，状態の維持・改善の可能性が高い.
要介護1	介護給付	〈部分的介護〉 ● 立ち上がり，歩行などに不安定さが見られる. ● 排泄や入浴などに一部介助が必要.
要介護2		〈軽度の介護〉 ● 1人で立ち上がることができない場合が多い. ● 排泄や入浴などに一部または全介助が必要.
要介護3		〈中程度の介護〉 ● 立ち上がり，歩行などは1人ではできない. ● 排泄，入浴，衣服の着脱などで全般的に介助が必要.
要介護4		〈重度の介護〉 ● 排泄，入浴，衣服の着脱などに全介助.食事摂取に一部介助が必要. ● 問題行動や理解力の低下がみられることもある.
要介護5		〈最重度の介護〉 ● 生活全般にわたって全般的に介助が必要. ● 問題行動がみられたり，意志の伝達が困難.

そうです

ちなみに調査や合議の結果

要介護状態でない場合には「非該当（自立）」と判定されます

要介護度が高い人は

介護がたくさん必要ってことみたいですねー

この場合介護保険サービスは受けられません

えー

必要だから申請するのにー

もし要介護認定に不服があれば

都道府県に設置されている**介護保険審査会**に不服申立てすることもできるんですよ

へー

そーなんだ

それで
要介護度は
どういったことに
影響するんですか？

受けられる
サービスの
限度額や

※令和元年10月1日現在

要支援1	予防給付	5万0,320円
要支援2		10万5,310円
要介護1	介護給付	16万7,650円
要介護2		19万7,050円
要介護3		27万0,480円
要介護4		30万9,380円
要介護5		36万2,170円

サービスの
利用料金が
変わるんです

要介護度が
高いほど

たくさんの
お金が
もらえると

地域により
若干異なり
ますヨ

給付の種類が異なるのも
ポイントですヨ

いえいえ
お金では
ないんです

現物給付ってことは
こんなんですか？

モモコ

そんなん
どこから...

違います

モノが
支給される
わけでは
ないんですよ

介護サービスが
限度額の範囲内で
利用できるんです

訪問介護
とか

通所リハビリ
テーション とか

介護保険は
現物給付が
原則に
なっているんです

備品
返して下さいね

77

＊一定以上の所得がある場合は2割．現役並みの所得がある場合には3割となる．

『介護保険法』の第1条には、「目的」として以下のように規定されています.

この法律は、加齢に伴って生ずる心身の変化に起因する疾病等により要介護状態となり、入浴、排せつ、食事等の介護、機能訓練並びに看護及び療養上の管理その他の医療を要する者等について、これらの者が尊厳を保持し、その有する能力に応じ自立した日常生活を営むことができるよう、必要な保健医療サービス及び福祉サービスに係る給付を行うため、国民の共同連帯の理念に基づき介護保険制度を設け、その行う保険給付等に関して必要な事項を定め、もって国民の保健医療の向上及び福祉の増進を図ることを目的とする.

介護保険の保険者と被保険者 （➡p.70・71）

保険者

- 保険者である**市区町村**は，介護保険を運営し，被保険者に対してサービスを提供する.
- 市区町村は，**3年**を1期として**介護保険事業計画**を策定する.
  …必要なサービスの見込量や見込量確保のための方策や予算が定められる.
- **国**及び**都道府県**は市区町村に対して費用の一部を負担する.

被保険者

- 保険に加入している人.
  第1号被保険者：65歳以上. 介護が必要であれば誰でも介護保険給付を受けられる.
  第2号被保険者：40歳以上65歳未満. 政令で定める老化に起因する疾病（16疾病の**特定疾病**）により介護が必要な場合のみ介護保険給付を受けられる.

介護保険を利用するまでの流れ （➡p.73〜76）

▼ 要介護認定の流れ

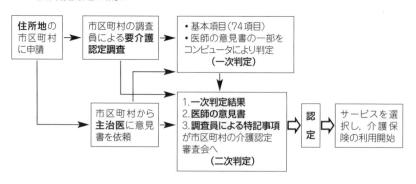

介護保険の申請

- 原則として，申請日から**30日**以内に要介護度の認定結果が通知される．
- 申請後に，暫定ケアプランを作成することで，認定の通知を待たずにサービスを受けられる．（認定の効力は申請日から有効となる）

 advice

引越し等で認定を受けた市区町村とは別の市区町村へ移転する場合，「介護保険受給資格者証明書」を14日以内に移転先に提出すれば，改めて審査・判定を行わずに，認定を受けられます．

介護認定審査会

- 市区町村に任命された保健・医療・福祉分野における学識経験者によって組織されている．
- 要介護認定の二次判定は，介護認定審査会の委員5名を標準とする合議体によって行われる．

介護保険のサービス (➡p.78)

介護保険の給付と負担

保険給付の基本は現物給付であり，**1割**を自己負担する（**定率負担**）．

※一定以上の所得がある場合は2割負担．現役並みの所得がある場合には3割負担となる．

 advice

利用したサービス費用を一定の率に応じて負担することを「定率負担」と呼びます．「定率負担」は，利用した分だけ負担額が大きくなることから「応益負担」とも呼ばれます．これに対し，利用する人の支払い能力に応じて負担額が変わることを「応能負担」と呼びます．

介護福祉士国家試験問題

30-10

介護保険法第1条に規定されている内容に関する次の記述のうち,
正しいものを1つ選びなさい.

1. 高齢社会対策の基本理念や基本となる事項を定める.
2. 福祉サービス利用者の利益の保護及び地域福祉の推進を図る.
3. 介護が必要となった者等が尊厳を保持し,その有する能力に応
   じ自立した日常生活を営めるよう,保険給付を行う.
4. 疾病,負傷若しくは死亡又は出産に関して保険給付を行う.
5. 老人の福祉に関する原理を明らかにし,老人に対し,心身の
   健康の保持及び生活の安定のために必要な措置を講じる.

32-9

介護保険制度の被保険者に関する次の記述のうち,正しいものを
1つ選びなさい.

1. 加入は任意である.
2. 第一号被保険者は,65歳以上の者である.
3. 第二号被保険者は,20歳以上65歳未満の医療保険加入者
   である.
4. 第一号被保険者の保険料は,都道府県が徴収する.
5. 第二号被保険者の保険料は,国が徴収する.

解答

30-10の答え：3 (p.79参照)
32-9の答え ：2 (p.71参照)

第9話 ✳ 介護保険サービス

1ヵ月後―

いいですね―

おばあちゃん
順調に
回復してる
みたいだねー

本当ね
よかったわー

小泉
さーん

はーい

相談室

黒田先生
こんにちは!!

今日も
元気だね

失礼します

ハート…?

今日も!!
「も」だって

いやあ

小泉さんの
回復のスピードには
驚きます

いつも見てて
くれてる!?

いーから
座んな
さい!!

83

では小泉さんが
ご自宅に戻られて
生活されるのに
何が必要になってくるか

一緒に
考えましょう！

お願いします

相談室

小泉さん

リハビリ
お疲れ様でした！

ここからは
小泉さんご本人も
交えて

お話
進めていきますね

ハイ

日中は誰かお家に
いらっしゃいますか？

いないんです…

私は外で
働いてますし…

私は
学校！

小泉さんの場合
少し麻痺が
ありますから

お食事や
お風呂などの
ADLには
介助が必要に
なりそうですね

ADL

Activities of Daily Living
=日常生活動作のことです.

入浴

食事

移動

排泄

お家で
小泉さん
お一人でいる
時間が
長くなると
いうことですね…

86

86

地域密着型サービスの具体例

小規模多機能型居宅介護
（➡2巻p.107）

訪問・通い・宿泊を組み合わせる.

利用者自宅

職員の訪問

通う

事業所 — デイサービス

ショートステイ

機能訓練

例えばこれらのサービスがあります

定期巡回・随時対応型訪問介護看護

自宅への定期的な訪問と通報による随時訪問.

Bさん　Aさん
Cさん　Dさん　Eさん

認知症対応型共同生活介護（グループホーム）（➡2巻p.121）

認知症の利用者が共同生活を送る.

グループホーム

地域密着型サービスは,市区町村によって指定が行われますが,

居宅サービス施設サービスは,都道府県によって事業所の指定が行われます.*1

地域密着型サービス

市区町村

都道府県

なお,地域密着型サービスを利用できるのは,事業所を指定した市区町村の被保険者のみに限定されます.*2

施設サービス

居宅サービス

小泉さんはどのように生活していきたいですか?

それによってどのサービスを利用するとよいかがみえてきますよ

母は家事をたくさんこなしてましたから

家にずーっといるのは退屈でしょ?

リハビリしたり外に出たりしたいよね?

それでしたら通所サービスを利用されてはいかがでしょう

＊1 中核市・政令市に所在する事業所については市長が指定を行う.

＊2 一部のサービスは,事業所が所在する市区町村長が認めた場合,他の市区町村のサービスも利用可能.

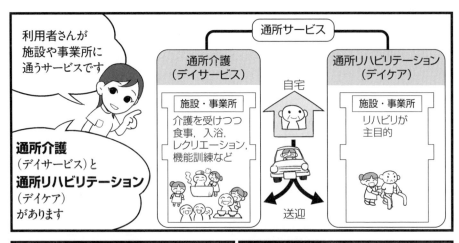

通所サービス

利用者さんが施設や事業所に通うサービスです

通所介護（デイサービス）と**通所リハビリテーション**（デイケア）があります

通所介護（デイサービス）

施設・事業所
介護を受けつつ食事，入浴，レクリエーション，機能訓練など

自宅

送迎

通所リハビリテーション（デイケア）

施設・事業所
リハビリが主目的

でも

毎日リハビリだと疲れるかな

……ウン…

お母さん

家だとごはん食べたりトイレに行ったりも自分だけでしないといけないわね

どうしたらいいですか？

でしたらデイサービスやデイケアと

訪問介護を併用してはどうでしょうか

訪問介護ではヘルパーさんが利用者宅を訪問して

入浴や食事などの介助や家事や買い物などの生活援助（→p.133）をしてくれるんです

生活援助

食事介助

入浴介助

排泄介助

補足デス

『介護保険法』第8条第2項において，訪問介護は「介護福祉士その他政令で定める者」によって行われることが規定されています．

これ以外にも
居宅サービスには
福祉用具のレンタルや
購入といったサービスもあります

いずれも
1割の負担*で利用できます

福祉用具

レンタル

特殊寝台
レンタル

歩行器
レンタル　など

● 要介護度に応じた支給限度額まで

購入

ポータブル
トイレ購入
など

● 年10万円まで

さらに家で生活しやすくするための
段差の解消や手すりの設置

これら改修費も
被保険者ごと同一住所地で
20万円までなら1割負担*で
やってもらえるんですよ

住宅改修費

トイレの
手すり

段差の
解消

階段に
スベリどめ

再度の改修費の申請が
可能となる場合

① 🏠 → 🏠 転居した
　　　　　　　　　場合

② 要介護度が3段階以上
　　重症化した場合

居宅サービスだけでも
こんなに…

覚えきれない…

はー

介護保険
サービスは

まだまだ
たくさん
ありますよ

え

こちら
どうぞ

ぶ厚…

読者の方は
94～96頁の
表を見て
くださいね

こんなにいっぱい…

何をどう選んだらいいか
さっぱり分かんないです

＊一定以上の所得がある場合は2割負担．現役並みの所得がある場合には3割負担となる．

たくさんの介護サービスから小泉さんに合うものを調べたり選んだりするのは大変！

その道のプロに頼みましょう！

まずはケアマネさんを決めて一緒にケアプランを考えてもらうんです

ケアマネ？

ケアプラン？

ケアマネジャーさん略してケアマネさんは正式には介護支援専門員という専門職です

ふん

へー

介護サービス計画いわゆるケアプランの立案・修正を行ったり

利用者さんに関わる人たちの連携調整を行う役割を担っています（➡p.132）

それじゃあ今すぐこの話合いに

参加してもらいましょう！

…残念ながらケアマネさんは病院に所属しているわけではないんです

あら～

えーじゃあどこにいるんですか？

ケアマネさんは主に居宅介護支援事業所や地域包括支援センターそして施設に所属しています（➡p.132）

利用者さんの状況によって

担当してもらうケアマネさんの所属や立案されるケアプランも異なってくるんですよ

詳しくは下の表をご覧ください

利用者さんの生活の場	利用者さんの状況	立案されるケアプラン	立案するケアマネさんの所属
居宅で生活	要介護者	居宅サービス計画	居宅介護支援事業所
	要支援者	介護予防サービス計画	地域包括支援センター (➡p.98)
施設で生活	施設により様々	施設サービス計画	施設

…ということはケアマネさんを決めるためには

ケアマネさんのいる事業所をそれぞれまわって探す必要があるということでしょうか？

たいへんだ

いえいえそんな必要はないですよ

例えば表中⬆にある**地域包括支援センター**ですが

ここは地域の福祉や介護の拠点となる機関でサービスの利用についての相談や支援を行っています

え〜っと

小泉さんのご住所ですと…

一番近いこちらにご相談されてみるといいかも知れません

それ以外にも自治体の作っているリストなどから選ぶこともできます

ただ いずれにせよケアマネさん選びは大切ですから

地域包括支援センターでじっくり相談した方がいいですよ

ふむふむ

まとめ 9 介護保険のサービス

介護保険の給付 (→p.86・91)

- 介護保険のサービスには, **居宅サービス**, **施設サービス**, **地域密着型サービス**がある.
  - …また予防給付として, **介護予防サービス**, **地域密着型介護予防サービス**がある.
- 心身の状況や本人の意向, 周りの環境などをふまえて**ケアプラン(介護サービス計画)**を作成する.

地域密着型サービス (→p.86・87)

2005(平17)年の介護保険法改正により創設されたサービス. 原則的に自分の住む市区町村のサービスしか受けられない.

▼ 介護保険で受けられるサービス（要介護1〜5の人対象，予防給付は要支援1，2の人対象）

居宅サービス（介護給付）／介護予防サービス（予防給付）	訪問介護*1	介護福祉士（その他政令で定める者）などが訪問し，入浴，食事，排泄などの介助や家事などの手助けをする．
	訪問入浴介護	簡易浴槽などを搭載した車で訪問し，入浴の介助を行う．
	訪問看護	看護師が医師の訪問看護指示書のもと訪問し，医療処置やケアを行う．
	訪問リハビリテーション	理学療法士，作業療法士などが訪問し，自立を助ける機能訓練を行う．
	居宅療養管理指導	医師や歯科医師，薬剤師などが自宅を訪問して医学的な指導を行う．
	通所介護*1 （デイサービス）	ゲームなどのレクリエーションをしたり，食事をしたり，入浴をしたりする中で機能訓練を行う．
	通所リハビリテーション （デイケア）	リハビリテーションに重きをおいたもので，医師の指示書に従ってリハビリテーションのプログラムを受ける．
	短期入所生活介護 （ショートステイ）	介護する家族の所用の際，あるいは家族の疲労のため介護に支障をきたすような場合に一時的に要介護者を入所させることができる．生活介護（日常生活上の介護を受ける施設）と療養介護（医学的な管理のもとで介護が行われる施設）がある．
	福祉用具貸与	車いす・車いす付属品・特殊寝台・特殊寝台付属品・床ずれ防止用具・体位変換器・手すり・スロープ・歩行器・歩行補助杖・認知症老人徘徊感知機器・移動用リフト・自動排泄処理装置（本体部分）
	特定福祉用具販売	腰掛便座・入浴補助用具・簡易浴槽・移動用リフトの吊り具の部分・自動排泄処理装置（交換部品）
	特定施設入居者 生活介護	有料老人ホームやケアハウスに住んでいる人が，介護保険で介護サービスを受けることができる．
その他	住宅改修	手すりの設置，段差の解消，床材の変更，引き戸などへの扉の取り替え，洋式便器への取り替えなどの小規模な改修．

施設サービス (2巻p.88) [要介護1〜5のみ]	介護老人福祉施設*2 (特別養護老人ホーム)	在宅での生活が困難で，生活全般の介助を必要とする高齢者が生活し，療養上のケアやリハビリを受け，自立を目指す施設.
	介護老人保健施設	施設入所中に集中的にリハビリテーションを行い，在宅への復帰を目指す施設. 入所定員100人あたり，理学療法士または作業療法士1人以上を配置することが定められている.
	介護療養型医療施設	継続的に医療サービスを受ける必要のある高齢者が入所する. 介護に重点をおいた施設. 2023年度末までに廃止される.
	介護医療院	2017(平29)年の『介護保険法』改正により，2018(平30)年度より新設された. 長期療養のための医療と日常生活上の世話を一体的に提供する施設.

*1 2015(平27)年4月より，介護予防訪問介護と介護予防通所介護は予防給付から除外され，順次，地域支援事業(➡p.98)に移行された.

*2 2015(平27)年4月より，介護老人福祉施設(特別養護老人ホーム)の入所は原則，要介護3以上に限定された.

▼ 地域密着型サービス

名　称	内　容
認知症対応型通所介護	認知症の高齢者を対象に専門的なケアを提供する「通い」のサービス. 生活相談員, 看護職員または介護職員のうち1人は常勤と定められている.
小規模多機能型居宅介護 (➡2巻p.107)	「通い」が中心だが「訪問」「泊まり」を随時組み合わせたサービスを提供する. 原則的に他の事業所の訪問介護や通所サービスは併用できない. ただし, 訪問看護, 訪問リハビリテーション, 居宅療養管理指導, 福祉用具貸与は併用できる.
認知症対応型共同生活介護 (グループホーム) (➡2巻p.121)	認知症の高齢者がスタッフの介護のもとに共同生活を行う. 家庭的な環境のもと, 利用者同士がなじみの関係となり, 自立した生活が送れるよう支援する. また, 地域との交流も行う.
看護小規模多機能型居宅介護	小規模多機能型居宅介護と訪問看護を組み合わせたサービスを提供する.
定期巡回・随時対応型訪問介護看護	要介護高齢者の在宅生活を支えるため, 日中・夜間を通じて, 訪問介護と訪問看護が密接に連携しながら, 短時間の定期巡回型訪問と随時通報への対応を行う.
夜間対応型訪問介護	利用者はケアコール端末を持ち, 通報があると随時対応する. 希望者には定期巡回を行う.
地域密着型特定施設入居者生活介護	小規模(定員29人以下)で, 介護専用型の特定施設において介護サービスを受けることができる.
地域密着型介護老人福祉施設入所者生活介護	小規模(定員29人以下)の介護老人福祉施設.
地域密着型通所介護	小規模(定員19人未満)の通所介護.

▼ 地域密着型介護予防サービス

① 介護予防認知症対応型通所介護

② 介護予防小規模多機能型居宅介護

③ 介護予防認知症対応型共同生活介護

つまり地域包括支援センターは

地域住民に必要な保健・医療・福祉の援助を一体的に実施する機関なんだよ！

ふ…ふーん？

ピンときてないみたいだね…

まあね

……

地域支援事業って知ってる？

高齢者の介護予防や地域での生活を支援するための事業！

市区町村が行ってるんだ!!

2005（平17）年『介護保険法』の改正で創設されました.

地域支援事業のなかには包括的支援事業って呼ばれる事業があって

地域包括支援センターは市区町村からの委託で主にこれらの事業を行っているんだ

包括的支援事業

① 総合相談支援
② 権利擁護
③ 介護予防ケアマネジメント
④ 包括的・継続的ケアマネジメント

2015（平27）年4月からは4つの事業が追加されました. (→p.104)

ねえねえこの①の「総合相談支援」ってさぁ

何を相談してもいいの？

こんなんとか

こんなん

恋愛

嫁vs姑

んな訳ないっ！

オゥ

ビシィ!!

さっき『保健・医療・福祉の援助を一体的に実施する』って言ったでしょ

そういったことに関する相談窓口なの！

ゴメン

ズズズィ

包括には
地域のいろんな
職種や機関との
つながりがあるから

そのネットワークを
活かして
総合的な観点から
情報提供を
行ったり

適切な
サービスにつなぐ
といった支援を
行ってるんだよ

包括

おばあちゃんの
介護の相談なら
なんでもOK？

もちろん!!

ちなみに

包括は
高齢者の
「権利擁護」のための
相談窓口でも
あるんだよ

さっきの表の
②だね

相談はこちらへ

ドン

包括

おばあちゃんみたいな
高齢者の権利を
守るってことは
なんとなくわかるけど…

たとえば
どんなこと？

虐待の早期発見や
悪徳商法の被害に
ついての相談だねー

あとは
成年後見制度の
（➡2巻 p.38）
活用促進なんかも
役割の1つだよ

それじゃあ
次ね

③の「介護予防
ケアマネジメント」
って何するかわかる？

介護を
防ぐ！

ケアしたり
マネジメント
したりする！

地域支援事業

地域支援事業　（➡p.98）

市区町村が中心となり，次の2つを目的として創設された事業である．
　①地域住民ができるだけ要支援・要介護状態にならないよう支援すること．
　②介護が必要になっても住み慣れた地域の中で自立した日常生活が営めるよう支援すること．

▼ 地域支援事業の種類と内容

①介護予防・日常生活支援総合事業	要支援者やそれ以外の高齢者に向けて，介護予防・生活支援サービス事業と一般介護予防事業を行う. 〈介護予防・生活支援サービス事業〉 ● 訪問型サービス（第1号訪問事業） ● 通所型サービス（第1号通所事業） ● 生活支援サービス（第1号生活支援事業）配食等 ● 介護予防ケアマネジメント（第1号介護予防支援事業） 〈一般介護予防事業〉 ● 介護予防把握事業 ● 介護予防普及啓発事業 ● 地域介護予防活動支援事業 ● 一般介護予防事業評価事業 ● 地域リハビリテーション活動支援事業
②包括的支援事業	1. 総合相談支援（➡p.98） 2. 権利擁護（➡p.99） 3. 介護予防ケアマネジメント（➡p.99・100） 4. 包括的・継続的ケアマネジメント支援（➡p.100・101） 2014（平26）年の『介護保険法』改正により，2015（平27）年4月より上記の4業務に加え，以下を行うこととなった. ● 地域ケア会議推進事業 ● 在宅医療・介護連携推進事業 ● 認知症総合支援事業 　（認知症初期集中支援チーム，認知症地域支援推進員　等） ● 生活支援体制整備事業 　（コーディネーターの配置，協議体の設置　等）
③任意事業	● 介護給付等費用適正化事業 　（介護給付や予防給付にかかる費用の適正化を図る） ● 家族介護支援事業 　（介護方法の指導など，要介護者を介護する人を支援する） ● その他の事業 　（その他，介護保険事業の運営の安定のための事業や被保険者の自立を支援する事業など）

▼ 介護予防・生活支援サービスの内容

● 運動器の機能向上	● 栄養改善
● 口腔機能の向上	● 閉じこもり予防・支援
● 認知症予防・支援	● うつ予防・支援

地域包括支援センター （➡p.98）

- 地域支援事業のうち，**包括的支援事業**を行う.
- 地域の介護事業の拠点となっている.
- 地域住民の保健医療の向上・福祉の増進を包括的に支援する.
- 財源は保険料，市区町村の予算，国および都道府県からの交付金.

介護福祉士国家試験問題

24-86

地域包括支援センターに関する次の記述のうち，適切なものを一つ選びなさい．

1. 地域の介護支援専門員が抱える支援困難な認知症事例について直接対応する．
2. 精神保健福祉士の配置が義務づけられている．
3. 通所している認知症の人に創作的活動や生産活動を提供して，社会との交流を促進する．
4. 成年後見制度の活用促進や消費者被害の防止に取り組む．
5. 近隣の住民からの要請で，近隣の住宅に無断侵入する認知症の人を施設に入所させる手続きをする．

32-10

介護予防・日常生活支援総合事業に含まれる事業として，適切なものを1つ選びなさい．

1. 家族介護支援事業
2. 予防給付
3. 介護給付
4. 権利擁護事業
5. 第一号訪問事業（訪問型サービス）

解答

24-86 の答え：4（p.99 参照）
32-10 の答え：5（p.104 参照）

第11話 ✳ 地域包括支援センターの役割

107

ここ包括では主に包括的・継続的ケアマネジメントを担当しています

ダイフクが言ってたアレだ…

ケアマネくん

主任さん

あとは③の保健師は

保健指導を行う国家資格なんです

保健師（『保健師助産師看護師法』）より

「保健師」とは，厚生労働大臣の免許を受けて，保健師の名称を用いて，保健指導に従事することを業とする者をいう．（第2条）

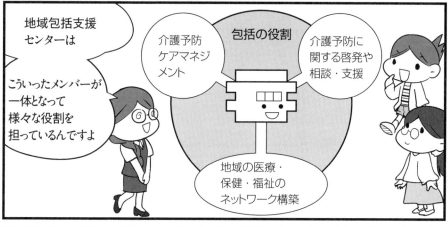

地域包括支援センターは

こういったメンバーが一体となって様々な役割を担っているんですよ

包括の役割

介護予防ケアマネジメント

介護予防に関する啓発や相談・支援

地域の医療・保健・福祉のネットワーク構築

まさに梅田さんの言ってた

「地域の介護や福祉の拠点」って感じだね！

そのとおり！

その言葉通り包括は**地域包括ケアシステム**の中核として機能してるんです

ケアシステムってことはなんかのしくみ??

はい！

高齢者が
住み慣れた地域で
「医療 介護 介護予防
住まい 生活支援」の
5つのサービスを

一体的に受けられる
しくみのことです

5つの
視点

30分で駆けつけられる圏域

介護

医療

予防

住まい

生活支援

2011（平23）年の『介護保険法』の
改正の際に柱とされた考え方です.

このシステムを
実現するために

地域包括支援
センターでは
地域ケア会議を
開催しています

会議では
地域の医療 保健
介護などの
様々な専門職が

個別の困難事例
などについて
話し合うんですよ

何で会議が
地域包括
ケアシステムの実現に
つながるんですか？

まず多職種が
協働して
課題解決に
取り組むことで

**地域の支援
ネットワーク**を構築する
ことができます

次は認知症で
一人暮らしの
Aさんについてです

ゴミ出しが困難で
ゴミを溜め込んで
しまうんです…

あらー

まぁ

地域包括支援センター

地域包括支援センターの役割

地域包括支援センター (➡p.108・109)

● 地域包括支援センターには原則として社会福祉士,保健師,主任介護支援専門員(ケアマネジャー)が配置されている.

　…**社会福祉士**:主に総合相談支援・権利擁護の業務を担当する.

　…**保健師**:主に介護予防ケアマネジメントを担当する.

　…**主任介護支援専門員**:主に包括的・継続的ケアマネジメントの業務を担当する.

▼ 地域包括支援センターのしくみ

医療情報科学研究所 編：公衆衛生がみえる（第3版）：p.247，メディックメディア，2018（引用改変）

地域包括ケアシステム　（→p.109〜111）

- 2011（平23）年の『介護保険法』の改正の際に柱とされた考え方である.
- 高齢者が住み慣れた地域で医療・介護・介護予防・住まい・生活支援の5つのサービスを一体的に受けられるしくみのこと.
- 地域包括支援センターは，地域包括ケアシステムの実現のため**地域ケア会議**を開催する.

介護福祉士国家試験問題

30-11

介護保険制度における地域ケア会議の目的として，適切なものを
1つ選びなさい．

1. 居宅サービス計画の作成
2. 事業所の事業運営の推進
3. 市町村介護保険事業計画の策定
4. 個別ケースの課題分析等を行うことによる地域課題の把握
5. 介護認定の審査判定

 解 答

30-11 の答え：4（p.111 参照）

115

○×居宅介護支援事業所

介護福祉士・ケアマネジャー
所長 伊集院 晶

ケアマネジャーの
伊集院と申します

伊集院さんは介護福祉士としての
経験も豊富なんです
施設でお勤めの経験もありますし
訪問介護もされています

今は事業所の所長を
務められているんです

私はもともと専業主婦をしていたんですが
母が80歳の時に脳梗塞を患いましてね
自宅で介護を始めたのをきっかけに
この世界に入りました

母は今92歳で一緒に暮らしています
認知症にもなって
ほとんど寝たきりですが
最後まで家で看ようと
思っているんですよ
やっぱりおうちが一番でしょ

最初は右も左も分かりませんでしたが
周りの方にもたくさん助けていただいて
介護保険制度を活用させてもらって
これまでやってきました

山口さんもお母様が倒れられて
これからの生活については
さぞかし不安でございましょうね

よく分かりますわ
最初は誰だってそうです

介護って大変なイメージばかりですが
人との出会いがあったり 新しい発見があったり
素敵なこともたくさんあるんですよ

私はずっとこの街に
住んでますが
ほんとにたくさんの人の
温かさに出会いました
これからは恩返しを
する番だって思っているんです

まあ
そうでしたか…

それは
お辛かった
でしょう…

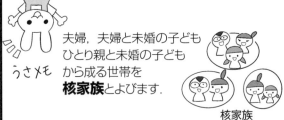

うさメモ

夫婦，夫婦と未婚の子ども
ひとり親と未婚の子ども
から成る世帯を
核家族とよびます．

核家族

サラサラ

核家族　　核家族

拡大家族

モモコの家族のように，
子どもが結婚後も
親と同居し，
核家族が連なった
家族形態は，
拡大家族とよばれています．

小泉さんの
ご両親は
どうされてますか？

2人とも既に
亡くなっています

祖父は脳卒中
祖母は老衰でした

何か書いてる？

落書き…
じゃないよね

次に
ご兄弟について
ですが―

はい

母は
3人兄弟で―

―はい

これで
概要は
把握できた
かしらね

あのー
伊集院さん

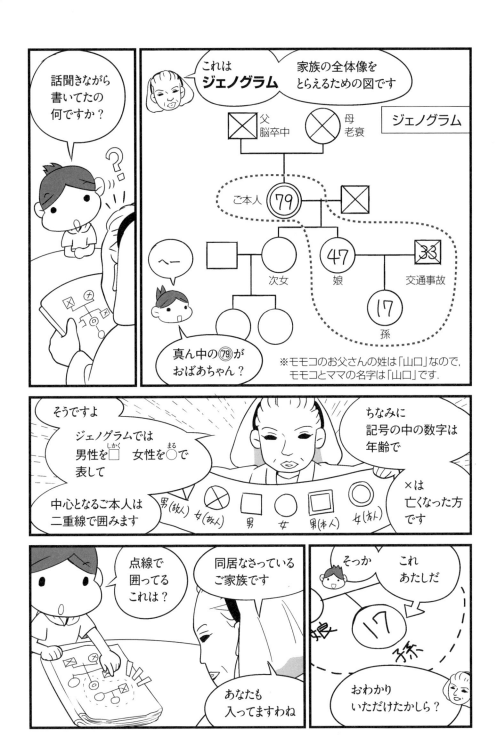

119

次に小泉さんの生活に影響を与える人や機関についてお伺いいたします

小泉さんにはもう1人娘さんがいらっしゃるんですね

はい　妹は九州に嫁いでいて

年に一度会うか会わないかです

小さい子どもがいるのでなかなか会えないんです

なるほどお母さまにご友人はいらっしゃいますか

ハイ

母の友人では

近所で1人暮らしをしているヨネさんと一番仲がいいですね

もう何十年も茶飲み友達で

入院前には一緒にフラダンス教室にも通っていたんですよ

ヨネさん

フラダンス教室ですか

楽しそうですね

元々母は体を動かすことが好きでして…

教室の他の生徒さん達ともお付き合いがあるみたいです

…伊集院さん…

サラサラ

サラサラ

じ〜

利用者の情報を収集し情報の分析・解釈・判断をすることを**アセスメント**と呼びます.

ケアマネジャーはケアプランの立案や修正の際には,利用者とその家族に面接しアセスメントを行います.

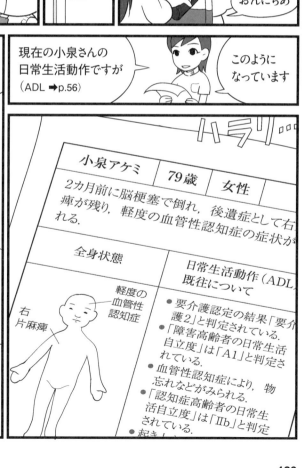

小泉アケミ	79歳	女性
2カ月前に脳梗塞で倒れ,後遺症として右痺が残り,軽度の血管性認知症の症状がれる.		

全身状態	日常生活動作(ADL) 既往について
軽度の血管性認知症 右片麻痺	● 要介護認定の結果「要介護2」と判定されている. ●「障害高齢者の日常生活自立度」は「A1」と判定されている. ● 血管性認知症により,物忘れなどがみられる. ●「認知症高齢者の日常生活自立度」は「IIb」と判定されている. ● 起き

日常生活動作（ADL），既往について

● 要介護認定の結果
「要介護2」と
判定されている.

先日通知が
届いたん
ですよね

はい
「要介護2」で
間違い
ありません

● 「障害高齢者の
日常生活自立度」は
「A1」と判定されている.

これが
判定基準です

寝たきり度は
「A1」です

え？
おばあちゃん
起きてるよ？

正式には
**「障害高齢者の日常生活
自立度」**というの

日常生活がどのくらい自立
しているかを判定するための
基準があるのよ

生活自立	ランク J	何らかの障害等を有するが，日常生活はほぼ自立しており独力で外出する.
	1	交通機関等を利用して外出する.
	2	隣近所へなら外出する.
準寝たきり	ランク A	屋内での生活はおおむね自立しているが，介助なしには外出しない.
	1	介助により外出し，日中はほとんどベッドから離れて生活する.
	2	外出の頻度が少なく，日中も寝たり起きたりの生活をしている.
寝たきり	ランク B	屋内での生活は何らかの介助を要し，日中もベッド上での生活が主体であるが座位を保つ.
	1	車いすに移乗し，食事，排泄はベッドから離れて行う.
	2	介助により車いすに移乗する.
	ランク C	一日中ベッド上で過ごし，排泄，食事，着替えにおいて介助を要する.
	1	自力で寝返りをうつ.
	2	自力では寝返りもうたない.

補 足

日常生活自立度は「やればできる」という
能力を評価するのではなく，普段の状態
を評価し判定します. 判定は補装具や
自助具等の器具を使用した状態であっても
差し支えありません.

こうやって起きてるのに
「準寝たきり」になるなんて
変な感じだね

そうねぇ

ランク		判定基準	みられる症状・行動の例
I		何らかの認知症を有するが、日常生活は家庭内および社会的にほぼ自立している.	
II		日常生活に支障をきたすような症状・行動や意思疎通の困難さが多少みられても、誰かが注意していれば自立できる.	
	IIa	家庭外で上記IIの状態がみられる.	たびたび道に迷うとか、買い物や事務・金銭管理などそれまでできたことにミスが目立つ　など
	IIb	家庭内で上記IIの状態がみられる.	服薬管理ができない、電話の対応や訪問者との対応など1人で留守番ができない　など
III		日常生活に支障をきたすような症状・行動や意思疎通の困難さがときどきみられ、介護を必要とする.	
	IIIa	日中を中心として上記IIIの状態がみられる.	着替え、食事、排便、排尿が上手にできない、時間がかかる、やたらに物を口に入れる、物を拾い集める、徘徊、失禁、大声・奇声をあげる、火の不始末、不潔行為、性的異常行為　など
	IIIb	夜間を中心として上記IIIの状態がみられる.	ランクIIIaに同じ.
IV		日常生活に支障をきたすような症状・行動や意思疎通の困難さが頻繁にみられ、常に介護を必要とする.	ランクIIIに同じ.
M		著しい精神症状や周辺症状あるいは重篤な身体疾患がみられ、専門医療を必要とする.	せん妄、妄想、興奮、自傷・他害などの精神症状や精神症状に起因する問題行動が継続する状態　など

- 起き上がりに
  一部介助が
  必要となる.

- 歩行は杖を利用する
  ことで自立しているが,
  外出の際には
  車いすを利用する
  必要がある.

- 排泄はズボンの
  上げ下ろしに
  介助が必要と
  なる.

下ろしますねー

上げますよー

- 食事は自助具を
  利用することで
  自立しているが,
  誤嚥のリスクが
  あるため見守り
  は必要となる.

自助具

- 高血圧症の既往あり,
  1日3回の服薬が必要である.

朝　昼　夜

—ADLと
既往について

お伝えする
ことは
以上です

よく分かり
ましたわ

いえいえ

ありがとう
ございます

127

なかには糖尿病や腎臓病高血圧症などの治療食を

配達してくれるところもあるんですよ

低たんぱく

減塩

低カロリー

ではお昼のお食事問題も解決いたしましたし

ケアプランの大枠をまとめましょう

デイケアを週2日

週1日デイサービス

平日の残り2日はヘルパーさんに来ていただくという感じでよろしいですか?

…母は高血圧症ですから…

栄養管理ができるサービスを利用した方がいいかも…

決まり

ハイ!!

ご在宅の日の午後などには

ご友人に来ていただけると

更によろしいかと思います

…あとは住宅改修や（➡p.90）

退院後に使用する福祉用具を検討していくことになりますね（➡p.90）

住宅改修…ってことは

リフォーム!?

ブブ

違いマス

ケアプラン

■ ケアマネジャー

ケアマネジャー（介護支援専門員）：要介護者・要支援者になっても，その人が自立した生活を送れるように利用者の立場で支援する．ケアプランの作成や更新を行い，また，市区町村・居宅サービス事業所・介護保険施設との連携・調整を行う．

ケアプラン

ケアマネジャーは定期的なモニタリングを行い，適切なケアプランの作成・更新のために，利用者の生活の**課題抽出（アセスメント）**を行う．

▼ ケアプランの作成
　利用者の生活の課題抽出のためには，以下のことを把握する必要がある．

① 本人の状態（健康管理，家事，社会交流，ストレスなど）

② 本人・家族の希望

③ 家族の介護力

④ 経済力

⑤ 家の環境（家族関係や住環境）

⑥ 友人や近隣などの交友のある人たちからの情報

⑦ 介護保険および地域のサービス

▼ ケアマネジャーの配置が義務づけられている事業者・施設

- 居宅介護支援事業者
- 介護老人福祉施設
- 介護老人保健施設
- 介護療養型医療施設
- 介護医療院
- 特定施設（介護型有料老人ホーム，介護型ケアハウスなど）
- 認知症対応型共同生活介護（グループホーム）
- 小規模多機能型居宅介護
- 看護小規模多機能型居宅介護

■ 居宅介護サービス (➡p.127・128)

▼ 主な居宅介護サービス

訪問介護	身体介護	入浴，排泄，食事，着替えなど身体に直接触れて行う介護
	生活援助（※）	調理，洗濯，掃除，買い物などの家事
訪問入浴介護		入浴車や組立式の浴槽を業者が持ち込み，入浴を行うサービス
デイサービス		要介護者が，通いで，レクリエーションや入浴，食事などの介護と機能訓練を受けるサービス
デイケア		要介護者が，通いで，日常的な介護と医師の診断書に基づいた**リハビリテーション**のプログラムを受けるサービス
ショートステイ		要介護者が一時的に滞在して，**介護**や**機能訓練**を受けるサービス

※ 基本的に単身か同居人が家事を行うのが困難な場合のみ利用可.

133

介護福祉士国家試験問題

26-24

介護を必要とする人のためのエコマップ（ecomap）に記載する情報
として，最も重視するものを１つ選びなさい．

1. 血圧，脈拍，呼吸及び体温の値
2. 性別，年齢，生年月日及び既往症などの情報
3. 親，兄弟及び祖父母など，数世代にわたる家族関係
4. 利用者や家族を取り巻く様々なシステムとの関係
5. 要介護度や生活ニーズ

27-78

認知症高齢者の日常生活自立度判定基準「ランクⅢ」の内容として，
正しいものを１つ選びなさい．

1. 日常生活に支障を来すような症状・行動や意思疎通の困難さ
   が多少見られても，誰かが注意していれば自立できる．
2. 著しい精神症状や周辺症状あるいは重篤な身体疾患が見られ，
   専門医療を必要とする．
3. 屋内での生活は何らかの介助を要し，日中もベッド上での生活
   が主体であるが座位を保つ．
4. 日常生活に支障を来すような症状・行動や意思疎通の困難さ
   がときどき見られ，介護を必要とする．
5. 何らかの障害等を有するが，日常生活はほぼ自立しており独力
   で外出する．

解答

26-24 の答え：4（p.121 参照）
27-78 の答え：4（p.125 参照）

第13話 ✳ 住宅改修

一時帰宅
当日—

小泉さん
ご自宅に
着きましたよー

おばあちゃあぁあんっ!

嬉しいのは
わかるけど
やさしくね

テヘ

…おばあちゃん…

お帰り
なさい!

お帰り
お母さん

たダイま

あら
アケミさん!!

退院
なさったの?

ヨネ
ちゃん!

玄関は
こんなものかな…

これから先は
小泉さんも
ご一緒に
チェックして
いきましょう

アタしも？

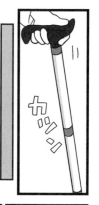

カツン

廊下

フム

移動しやすいように
廊下にも手すりを
つけた方がいいでしょう

コン
コン

改修イメージ

手すり

浴室

ドアは
内開き
ですか…

浴室入り口は
引き戸か折れ戸に
改修しましょう

どうして
ですか？

引き戸　　折れ戸

手すりがあれば
ご本人にとっても
安全ですし

介助する方の
負担軽減にも
つながるのですよ

手すりって
重要なん
ですね

自室

ここが母の
居室です

このお部屋と
お隣のリビングには
段差がありますね

これも転倒の
原因になるなあ…

ここは
よく通るから
心配だわ…

こういった
解消できない段差には
目印をつけておくと
いいんです

たとえば
目立つ色のテープをはると
"ここが段差"って
気づきやすくなるんですよ

例

!!
段差…

テープ

それでも夜間は
暗くて気付きにくく
なりますから

段差がみえるよう
足元灯を設置すると
安心ですよ

足元灯

次に
ベッドを拝見
いたします

ベッドの高さは
40cm…

座ったときに
十分足が
つきますので
大丈夫ですね

ただ立ち上がり時に
つかむための

床と
水平な
手すりを
つけましょう

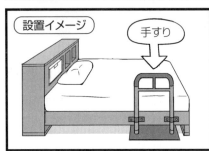

設置イメージ

手すり

ところで
このお部屋は

お手洗いと
少し離れて
いますね

小泉家間取り

LDK

アケミの
部屋

2F

納戸

廊下

脱衣所

浴室

玄関

トイレ

今ココ

そう
ですね

入院前は
なんてことない距離
だったんですが…

お手洗いまで
移動となると

お部屋とリビングの
境目にある段差が
危険ですし…

それに小泉さんは
トイレでも一部介助が
必要な状態ですから

ポータブルトイレは
購入した方が
いいかも知れません

一部
介助

ポータブルトイレ

介護保険で
買えるんですか？

ええ

購入
できますよ

トイレ…

福祉用具を選定する際には,
利用者の身体状況や
経済状況はもちろんのこと,

家屋の構造や家具の配置なども
配慮する必要があります.

介護保険では
福祉用具について
レンタルできる種目と
購入できる種目が
あるんです

レンタル種目は
レンタル料の**1割**負担で
借りられますし＊

購入種目の場合
年間10万円を
限度額として
1割負担で
購入できます＊

太字については
要支援1・2
要介護1の人には
保険給付対象外です

介護保険でレンタルできるもの

① 車いす

② 車いす
付属品

③ 特殊寝台

④ 特殊寝台
付属品

⑤ 床ずれ防止用具

⑥ 体位変換器

⑦ 手すり

⑧ スロープ

⑨ 歩行器

⑩ 歩行補助杖

⑪ 認知症老人
徘徊感知機器

⑫ 移動用リフト

⑬ 自動排泄処理装置（本体部分）

これらは
要支援2
要介護1〜5
の人のみ
購入できます

介護保険で購入できるもの

① 腰掛便座

② 入浴補助用具

③ 簡易浴槽

④ 移動用リフトの
吊り具の部分

⑤ 自動排泄処理装置
（交換部品）

＊一定以上の所得がある場合は2割負担. 現役並みの所得がある場合には3割負担となる.

他におばあちゃんに必要なものってなんだろう？

小泉さんの場合は入浴の際に一部介助が必要なので

シャワーチェアもあったほうがいいですね

それから通院などの長い時間の外出に備えて車いすも必要かと思います

ではその2点の福祉用具もケアプランに盛り込みましょう

お願いします！

伊集院さんと波多さんのおかげで

いいケアプランができそうだね！

ホントありがたいわー

お母さん退院が楽しみね

バッチリ準備しとくからね

ハイ！

お願いシマスよ

うさぎ補足

このようにしてできたケアプランの原案は，その後ケアマネジャー，ケアプランに位置づけられたデイケア，デイサービス，訪問介護等の担当者，主治医，利用者本人，家族などが出席する**サービス担当者会議**により，内容の確認や修正が行われ，最終的に利用者本人と家族の同意により確定します．

住宅改修

住宅改修 (→p.137)

- 要介護・要支援者が自宅に手すりを取り付けるなどの住宅改修を行おうとするとき，必要な申請書類を提出することにより住宅改修費の原則9割*相当額が**償還払い**で支給される．
- 要介護度にかかわらず**20万円**まで支給される（所得に応じて使用した額の原則1割*を自己負担）．
    - …自己負担分を除くと，支給額は最大で1割負担の場合は18万円，2割負担の場合は16万円となる．

*一定以上の所得がある場合は2割負担（8割支給）．現役並みの所得がある場合には3割負担（7割支給）となる．

▼ 住宅改修の種類

① 手すりの設置
② 段差の解消
③ 床材の変更
④ 引き戸などへの扉の取り替え
⑤ 洋式便器への取り替えなどの小規模な改修
⑥ その他これらの住宅改修に関する附帯工事

トイレ (→p.140・142)

- 足が不自由な高齢者のいる家庭では，トイレのドアは**引き戸**が望ましい．
- 一番長くいる部屋や寝室がトイレに近いとよい．
- 安全にトイレまで移動できるように廊下に手すりを設置したり，できるだけ段差を無くすとよい．
- トイレへの移動が困難な場合，夜間ポータブルトイレの利用も考慮する．
    - …高齢者は膀胱の容量が減少するため，夜間の排尿回数が増える場合があるため．
    - …転倒の可能性があるため．

■ 福祉用具 （➡p.143）

- 失った機能や低下した機能を補完するために，福祉用具は積極的に活用したほうがよい.
    - …介護者にとっての負担軽減にもなる.
- 福祉用具には購入品目（直接肌に触れて使うもの）と貸与品目（その他のもの）がある.
- どの福祉用具が必要であるかの判断は利用者が行う.
    - …介護スタッフは適切な判断ができるように，側面的に支援する.

介護福祉士国家試験問題

31-56

杖歩行している高齢者の寝室の環境整備に関する次の記述のうち，最も適切なものを1つ選びなさい．

1. 足元灯を用意する．
2. ベッドの高さは60 ～ 65cmにする．
3. マットレスは柔らかいものにする．
4. 布団は床に敷く．
5. 特殊寝台（介護ベッド）に変更する．

32-36

介護保険の給付対象となる住宅改修を利用してトイレを改修するとき，介護福祉職が助言する内容として，正しいものを1つ選びなさい．

1. 開き戸は，自動ドアに変更できる．
2. 和式便器の上に，腰掛け便座を設置できる．
3. 滑りにくい床材に変更できる．
4. 取り外しが可能な手すりを設置できる．
5. 現在使用している洋式便器に，洗浄機能を付加できる．

解答

31-56の答え：1（p.141参照）：
　　　　　　3：柔らかいマットレスは，立ち上がりの際の端座位姿勢で臀部が沈み込んでしまい前方に重心を移して立ち上がりにくくなる．
　　　　　　4：立ち上がり動作に負担が大きい．
　　　　　　5：杖歩行しているというだけで，必ずしも特殊寝台に変更する必要があるとは言えない．
32-36の答え：3（p.137参照）

索　引

数字・欧文

50音表...15
ADL..56, **85**
Medical Social Worker....................50
MSW................................45, 46, **50**
Occupational Therapist...................60
ORT.................................58, **59**, 60
Orthoptist..............................**59**, 60
OT.................................53, **57**, 60
Physical Therapist.........................60
PO.................................58, **59**, 60
Prostherist and Orthosist
....**59**, 60
PT.................................53, **55**, 60
SAH...4
Speech Therapist...........................60
ST.................................53, **58**, 60

あ

アームサポート................30, 31, 32, **40**
足のせ...................................32, **40**
アセスメント..........................**123**, 132
アルツハイマー病............................71
胃...16
医師..94
　―の意見書...........................73, 80
意識障害...6
維持期リハビリテーション...................50
一次判定...............................73, 80
移動用リフト......................94, **143**
　―の吊り具の部分................94, **143**
医療相談員....................................46
医療ソーシャルワーカー...................50
医療保険.................**65**, 66, 68, 71, 72
　―料..72
咽頭...16
ウェルナー症候群.............................71
う歯...24
運動障害...6
運動ニューロン...............................10
エコマップ...................................121

嚥下...16
　―障害...17
　―食..................................**12**, 20
　―体操...19
延髄...10
応益負担..81
横隔膜..16
応能負担..81
応用的動作能力...................**56**, 57, 60

か

介護医療院...........................**95**, 132
介護型ケアハウス............................132
介護型有料老人ホーム.......................132
介護給付..94
　―費適正化事業...........................104
介護サービス計画.......................91, 93
介護支援専門員.......................91, **132**
介護認定審査会.................73, **74**, 81
介護福祉士....................................94
介護保険.............63, 65, 66, 68, **80**, 93
　―事業計画...................................80
　―施設...67
　―審査会.......................................76
　―制度...69
　―の申請.......................................69
　―法...64, **79**, 88, 98, 104, 108, 110, 113
介護予防・生活支援サービス事業........104
介護予防・日常生活援総合事業........104
介護予防ケアマネジメント
.....................98, **99**, 104, 112, 113
介護予防サービス.....................93, **94**
　―計画...92
介護予防小規模多機能型居宅介護.......96
介護予防通所介護...........................95
介護予防認知症対応型共同生活介護.......96
介護予防認知症対応型通所介護............96
介護予防訪問介護...........................95
介護療養型医療施設...............**95**, 132
介護老人福祉施設...................**95**, 132
介護老人保健施設...................**95**, 132
回復期リハビリテーション........**47**, 50, 52
　―病棟...............................46, **52**

かかりつけ医......................73
核家族......................118
拡大家族......................118
家族介護支援事業......................104
課題抽出......................132
片麻痺......................9
空嚥下......................23
簡易浴槽......................94, **143**
看護師......................94
看護小規模多機能型居宅介護......................96
関節リウマチ......................71
がん末期......................71
記憶障害......................4
気管......................13, 16
義歯......................25
義肢装具士......................58, **59**, 60
　―法......................59
キャスタ......................32, 35, **40**, 41
急性期病棟......................**43**, 46
急性期リハビリテーション......................43, **44**, 50
仰臥位......................29, **38**
共同偏視......................7
居宅介護サービス......................133
居宅介護支援事業者......................132
居宅介護支援事業所......................91, **92**
居宅サービス......................86, 93, **94**
　―計画......................92
居宅訪問サービス......................94
居宅療養管理指導......................94
筋萎縮性側索硬化症......................71
駆動輪......................32, **40**
くも膜下腔......................4, 7
くも膜下出血......................4, **7**
グリップ......................32, 35, **40**
グループホーム......................87, 94, **96**, 132
車いす......................28, 37, **40**, 94, 143
　―付属品......................94, **143**
ケアハウス......................94
ケアプラン......................91, 93, **132**
ケアマネジャー......................91, 108, 112, 113, **132**
血栓......................5, **7**
言語障害......................6
言語聴覚士......................57, **58**, 60
　―法......................58
現物給付......................77
権利擁護......................98, **99**, 104, 108, 112
構音障害......................10, **15**
公共職業安定所......................68

口腔ケア......................18, **24**, 26
合計特殊出生率......................68
口臭......................24
後縦靱帯骨化症......................71
厚生年金......................68
公的年金......................68
喉頭蓋......................**13**, 16
誤嚥......................12, 13, **17**, 25
　―性肺炎......................**13**, 17, 18, 24, 26
　―の予防......................25
国民年金......................68
腰掛便座......................94, **143**
骨折を伴う骨粗鬆症......................71
雇用保険......................**65**, 66, 68

さ

サービス担当者会議......................144
座位......................10
在宅医療・介護連携の推進......................104
サイドレール......................38
作業療法士......................53, 56, **57**, 60, 94, 95
座面......................40
シート......................40
ジェノグラム......................119
歯科医師......................94
市区町村......................70, 72, **80**, 98
自在輪......................32, **40**, 41
歯周病......................18, 24
施設サービス......................86, 93, **95**
　―計画......................92
舌......................16
失語......................4, 15
失行......................15
湿性嗄声......................**23**, 26
指定居宅介護支援事業者......................67
自動排泄処理装置......................94, **143**
　―（交換部品）......................94, **143**
視能訓練士......................58, **59**, 60
　―法......................59
社会資源......................121
社会的適応能力......................**56**, 57, 60
社会福祉士......................50, 108, 112, 113
社会保険......................64, 65, 66, **68**
住宅改修......................130, **145**
　―費......................**90**, 137, **145**
主治医......................73

149

主任介護支援専門員
　　.................................101, **108**, 112, 113
障害高齢者の日常生活自立度..............124
償還払い.....................................**75**, 145
小規模多機能型居宅介護.........87, **96**, 132
少子高齢化...68
上部食道括約筋....................................16
ショートステイ............................**94**, 133
食事介助...26
食道...13, 16
初老期における認知症...........................71
心筋梗塞...7
進行性核上性麻痺.................................71
身体介護...133
心房細動...7
随意運動...16
スカートガード.............................32, **40**
スロープ.....................................94, **143**
生活援助.................................88, **133**
生活介護...94
生活支援サービスの体制整備..............104
生産年齢人口..63
精神保健福祉士....................................50
成年後見人.....................................67, 69
脊髄...10
　　―小脳変性症....................................71
脊柱管狭窄症..71
摂食・嚥下の過程................................16
舌苔...**19**, 24
背もたれ.....................................32, **40**
総合相談支援..............**98**, 104, 108, 112
早老症...71

た

第1号被保険者...............70, 71, 72, **80**
第2号被保険者.....................71, 72, **80**
体位変換器.................................94, **143**
退院調整看護師....................................84
大車輪.........................32, 35, **40**, 41
大脳皮質...10
　　―基底核変性症................................71
唾液...24
多系統萎縮症..71
団塊の世代..63
端座位.........................28, 29, 38, **39**
地域ケア会議.................104, **110**, 113

地域支援事業.................95, 98, **103**, 104
地域主権改革一括法...............................87
地域包括ケアシステム................109, **113**
地域包括支援センター
　　......67, 69, 91, 92, 98, 105, 108, 109,
　　　　　　　　　　　　　　　112, 113
　　―運営協議会..................................113
地域密着型介護予防サービス..........93, **96**
地域密着型介護老人福祉施設.................67
地域密着型介護老人福祉施設入所者生活介護
　　...96
地域密着型サービス..........86, 87, 93, **96**
地域密着型特定施設入居者生活介護.......96
知覚障害...6
通所介護.................................88, **94**
通所サービス.............................88, **94**
通所リハビリテーション...............88, **94**
定期巡回・随時対応型訪問介護看護
　　...87, **96**
デイケア....................88, **94**, 133
デイサービス....................88, **94**, 133
ティッピングレバー......32, 34, 35, **40**, 41
定率負担...81
手すり.....................................94, **143**
転倒.................................138, 145
トイレ...145
糖尿病性神経障害.................................71
糖尿病性腎症..71
糖尿病性網膜症....................................71
動脈硬化...7
特殊寝台.....................................94, **143**
　　―付属品.............................94, 143
特定施設...132
　　―入居者生活介護............................94
特定疾病...71
特定福祉用具購入費支給........................94
特別徴収...72
特別養護老人ホーム...............................95
床ずれ防止用具.........................94, **143**
都道府県労働局....................................68

な

軟口蓋...16
二次判定.........................73, **74**, 80
日常生活動作.......................56, **85**
日本年金機構......................68
入浴補助用具.....................94, **143**
任意事業...........................104
認知症高齢者の日常生活自立度.....125
認知症施策の推進....................104
認知症初期集中支援チーム..........104
認知症対応型共同生活介護
...................87, 94, **96**, 132
認知症対応型通所介護.............96
認知症地域支援推進員..............104
認知症老人徘徊感知機器.........94, **143**
寝たきり度..........................124
年金保険.......................**65**, 66, 68
脳...3
　—血管疾患.........................71
　—血管障害.........................6
　—血管認知症.......................71
　—血栓症..........................7
　—梗塞.....................3, 4, **7**, 71
　—出血.....................4, **7**, 71
　—塞栓症..........................7
　—卒中.................4, **6**, 15
　—動脈瘤..........................4

は

パーキンソン病......................71
　—関連疾患.........................71
肺炎...........................13, 14
肺気腫.............................71
バックサポート...................32, **40**
ハローワーク........................68
半側空間無視........................15
ハンドリム......................32, **40**
ハンドル.........................32, **40**
非該当（自立）.....................76
被保険者.......................70, **80**
福祉用具.............90, 130, 143, **146**
　—貸与............................94
不随意運動........................16
プチアリン.........................24
普通徴収............................72

フットサポート............29, 32, 36, **40**, 41
ブレーキ..............29, 32, 36, **40**, 41
閉塞性動脈硬化症.....................71
ベッド柵...............................38
包括的・継続的ケアマネジメント
................98, **100**, 104, 112, 113
包括的支援事業...............98, **104**, 105
訪問介護.....................88, **94**,133
訪問看護........................89, **94**
　—指示書...........................94
訪問入浴介護.....................**94**, 133
訪問リハビリテーション...............89, **94**
ポータブルトイレ..................**142**, 145
保健師..........108, **109**, 112, 113
　—助産師看護師法..................109
保険者......................70, 72, **80**
歩行器.........................94, **143**
歩行補助杖....................94, **143**

ま

麻痺..............................4, 6, **15**
慢性気管支炎.........................71
慢性閉塞性肺疾患......................71
民生委員.............................67
虫歯...........................18, 24
メディカルソーシャルワーカー.............46

や

夜間対応型訪問介護.................96
薬剤師.............................94
有料老人ホーム.....................94
要介護者...........................92
要介護度.....................75, **76**, 81
要介護認定.............67, **73**, 80
　—調査.....................**73**, 80
要支援者...........................92
予防給付...........................94

ら

理学療法................................**55**, 60
　一士.....................53, 55, **60**, 94, 95
　一士及び作業療法士法.................55, 57
離床センサー............................41
立位....................................39
リハビリテーション.....................50, **60**
　一計画................................60
両側の膝関節または股関節に著しい変形を
　伴う変形性関節症.....................71
療養介護...............................94
レッグサポート.......................32, **40**
労災保険...............................65
労働基準監督署.........................68
労働者災害補償保険.................**65**, 66, 68
労働保険...............................65
老年人口...............................68

参考文献一覧

- 医療情報科学研究所編：クエスチョン・バンク介護福祉士国家試験問題解説2021，メディックメディア，2020
- 医療情報科学研究所編：クエスチョン・バンクケアマネ2020，メディックメディア，2020
- 医療情報科学研究所編：公衆衛生がみえる2020-2021（第4版），メディックメディア，2020
- 医療情報科学研究所編：看護師・看護学生のためのなぜ？どうして？2020-2021（第8版）①〜⑩，メディックメディア，2019
- 医療情報科学研究所編：看護師・看護学生のためのレビューブック2021，メディックメディア，2020
- 医療情報科学研究所編：看護がみえるvol.1　基礎看護技術（第1版），メディックメディア，2018
- 医療情報科学研究所編：クエスチョン・バンク社会福祉士国家試験問題解説2021，メディックメディア，2020
- 医療情報科学研究所編：社会福祉士国家試験のためのレビューブック2021，メディックメディア，2020
- 医療情報科学研究所編：クエスチョン・バンク看護師国家試験問題解説2021，メディックメディア，2020
- 医療情報科学研究所編：クエスチョン・バンク保健師国家試験問題解説2021，メディックメディア，2020

好評発売中!!

第3版
介護が
わかる
2
生活を支える
制度

家族が認知症に!
マンガでわかる制度やお金

MEDIC MEDIA

2巻も
すっごく
ためになるよ!!

定価:(本体1,200円+税)
ISBN:978-4-89632-817-2
A5判 152頁

「医療保険」や「年金」、
「成年後見制度」などの
難しい制度もマンガで
わかりやすく解説!!

2巻の内容

- 医療保険
- クーリング・オフ
- 日常生活自立支援事業
- 成年後見制度
- コミュニケーション
- 年　金
- 高齢者の住まい
- 介護保険施設
- 小規模多機能型居宅介護
- 認知症高齢者グループホーム

❷巻予告

福祉部に新キャラ登場!! この男は一体…??

近所のヨネさんが認知症に!!
ヨネさんのために奔走する福祉部メンバー

モモコの近所に住む"ヨネさん"は
一人ぐらし。ある日、大阪に住む
一人息子の"洋一"が帰省して、
モモコの家を訪ねるのだが……。

福祉部のメンバーは、ヨネさんが慣れ
したしんだ街で生活できるよう、さまざ
まな施設について調査を開始!!

MEDIC MEDIA　株式会社 メディックメディア　〒107-0062 東京都港区南青山3-1-31 NBF南青山ビル

書籍購入後も さらに 充実のサポート

○ Webサイト「福ぞうくん」は，介護，社会福祉関連の「時事ニュース」，法改正や制度改正を
まとめた「法律・統計TOPICS」，受験生なら必ず読んでおきたい「試験クイズ」，「合格者の
勉強法」，試験センターからの「試験情報」など，役立つ情報が盛りだくさんです．

 Webサイト「福ぞうくん」

○さらに，"うさぎ介護福祉士"が，「LINE」，「twitter」で，試験に関する有用な情報をお届けします．
すべて無料のサービスですので，ぜひご活用ください．

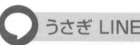 うさぎ LINE

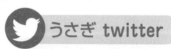 うさぎ twitter

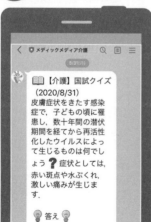

詳しくは 福ぞうくん 検索

● 国試クイズ，国試分析
　情報などお役立ち情報
　を配信
● 福祉や医療に関する用
　語解説機能付

重要な用語の "英訳"
と "解説" を調べる
ことができるよ！

配信はじめました

 介護福祉士受験生・介護学生にうれしい情報盛りだくさん！

国試クイズ

　介護福祉士国家試験を分析して，頻出の問題を配信！

新刊情報

　介護福祉士受験生・介護学生の定番書籍『クエスチョン・バンク』や
『介護がわかる』などの新刊情報もいち早くお届け！

 福祉や医療に関する重要な用語の解説を表示できる！

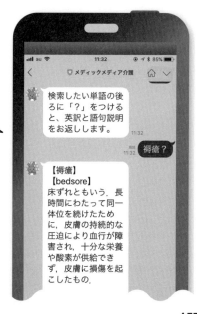

検索したい語句の後ろに「？」を
入れてメッセージを送信すると，
下記の書籍に掲載されている
語句の用語解説が表示されます.

対象書籍

● 『クエスチョン・バンク
　　介護福祉士国家試験問題解説』
● 『クエスチョン・バンクケアマネ』
● マンガ『介護がわかる』①②巻

Memo

Memo

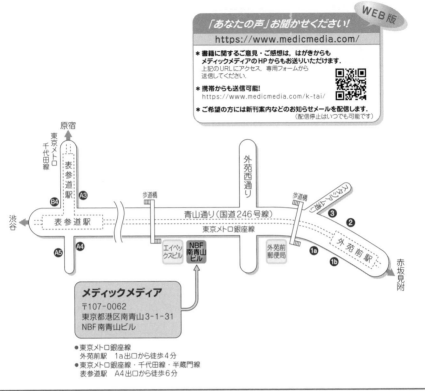

メディックメディア

〒107-0062
東京都港区南青山3-1-31
NBF南青山ビル

● 東京メトロ銀座線
　外苑前駅　1a出口から徒歩4分
● 東京メトロ銀座線・千代田線・半蔵門線
　表参道駅　A4出口から徒歩6分

介護がわかる①
介護保険のしくみ

平成27年　6月12日　第1版　第1刷　発行
平成30年　10月19日　第2版　第1刷　発行
令和2年　10月3日　第3版　第1刷　発行

編　　集　　　医療情報科学研究所
発行者　　　　岡庭　豊
発行所　　　　株式会社 メディックメディア
　　　　　　　〒107-0062　東京都港区南青山3-1-31
　　　　　　　　　　　　　　　　NBF南青山ビル
　　　　　（営業）　TEL　03-3746-0284
　　　　　　　　　　FAX　03-5772-8875
　　　　　（編集）　TEL　03-3746-0282
　　　　　　　　　　FAX　03-5772-8873
　　　　　　　　https://www.medicmedia.com/
印　　刷　　　倉敷印刷株式会社

Printed in Japan　© 2020 MEDIC MEDIA
ISBN978-4-89632-816-5